VORWORT

Die Sammlung "Alles wird gut!" von T&P Books ist für Menschen, die für Tourismus und Geschäftsreisen ins Ausland reisen. Die Sprachführer beinhalten, was am wichtigsten ist - die Grundlagen für eine grundlegende Kommunikation. Dies ist eine unverzichtbare Reihe von Sätzen um zu "überleben", während Sie im Ausland sind.

Dieser Sprachführer wird Ihnen in den meisten Fällen helfen, in denen Sie etwas fragen müssen, Richtungsangaben benötigen, wissen wollen wie viel etwas kostet usw. Es kann auch schwierige Kommunikationssituationen lösen, bei denen Gesten einfach nicht hilfreich sind.

Dieses Buch beinhaltet viele Sätze, die nach den wichtigsten Themen gruppiert wurden. Sie werden auch ein kleines Wörterbuch mit nützlichen Wörtern über Nummern, Zeit, Kalender, Farben usw. finden. Das Wörterbuch beinhaltet viele gastronomische Begriffe und wird Ihnen hilfreich bei der Bestellung von Essen in einem Restaurant oder beim Kauf von Lebensmitteln im Lebensmittelgeschäft sein.

Nehmen Sie den "Alles wird gut" Sprachführer mit Ihnen auf die Reise und Sie werden einen unersetzlichen Begleiter haben, der Ihnen helfen wird, Ihren Weg aus jeder Situation zu finden und Ihnen beibringen wird keine Angst beim Sprechen mit Ausländern zu haben.

INHALTSVERZEICHNIS

T&P Books Publishing

Reisesprachführersammlung
"Alles wird gut!"

T&P Books Publishing

SPRACHFÜHRER
- GRIECHISCH -

Die nützlichsten Wörter und Sätze

Dieser Sprachführer beinhaltet die häufigsten Sätze und Fragen, die für die grundlegende Kommunikation mit Ausländern benötigt wird

Andrey Taranov

T&P BOOKS

Sprachführer + Wörterbuch mit 250 Wörtern

Sprachführer Deutsch-Griechisch und Mini-Wörterbuch mit 250 Wörtern

Von Andrey Taranov

Die Sammlung "Alles wird gut!" von T&P Books ist für Menschen, die für Tourismus und Geschäftsreisen ins Ausland reisen. Die Sprachführer beinhalten, was am wichtigsten ist - die Grundlagen für eine grundlegende Kommunikation. Dies ist eine unverzichtbare Reihe von Sätzen um zu "überleben", während Sie im Ausland sind.

Sie finden hier auch ein Mini-Wörterbuch mit 250 nützlichen Wörtern, die für die tägliche Kommunikation erforderlich sind - die Namen der Monate und Wochentage, Messungen, Familienmitglieder und mehr.

T&P Books Publishing
www.tpbooks.com

ISBN: 978-1-78492-470-6

Dieses Buch ist auch im E-Book Format erhältlich.
Besuchen Sie uns auch auf www.tpbooks.com oder auf einer der bedeutenden Buchhandlungen online.

AUSSPRACHE

T&P phonetisches Alphabet	Griechisch Beispiel	Deutsch Beispiel
[a]	**αγαπάω** [aɣapáo]	schwarz
[e]	**έπαινος** [épenos]	Pferde
[i]	**φυσικός** [fisikós]	ihr, finden
[o]	**οθόνη** [oθóni]	orange
[u]	**βουτάω** [vutáo]	kurz
[b]	**καμπάνα** [kabána]	Brille
[d]	**ντετέκτιβ** [detéktiv]	Detektiv
[f]	**ράμφος** [rámfos]	fünf
[g]	**γκολφ** [golʲf]	gelb
[ɣ]	**γραβάτα** [ɣraváta]	Vogel (Berlinerisch)
[j]	**μπάιτ** [bájt]	Jacke
[ʝ]	**Αίγυπτος** [éʝiptos]	Jacke
[k]	**ακόντιο** [akóndio]	Kalender
[lʲ]	**αλάτι** [alʲáti]	Schicksal
[m]	**μάγος** [máɣos]	Mitte
[n]	**ασανσέρ** [asansér]	nicht
[p]	**βλέπω** [vlépo]	Polizei
[r]	**ρόμβος** [rómvos]	richtig
[s]	**σαλάτα** [salʲáta]	sein
[ð]	**πόδι** [póði]	Motherboard
[θ]	**λάθος** [lʲáθos]	stimmloser th-Laut
[t]	**κινητό** [kinitó]	still
[ʧ]	**check-in** [ʧek-in]	Matsch
[v]	**βραχιόλι** [vraxióli]	November
[x]	**νύχτα** [níxta]	billig
[w]	**ουίσκι** [wíski]	schwanger
[z]	**κουζίνα** [kuzína]	sein
[']	**έξι** [éksi]	Hauptbetonung

LISTE DER ABKÜRZUNGEN

Deutsch. Abkürzungen

Adj	-	Adjektiv
Adv	-	Adverb
Amtsspr.	-	Amtssprache
f	-	Femininum
f, n	-	Femininum, Neutrum
Fem.	-	Femininum
m	-	Maskulinum
m, f	-	Maskulinum, Femininum
m, n	-	Maskulinum, Neutrum
Mask.	-	Maskulinum
n	-	Neutrum
pl	-	Plural
Sg.	-	Singular
ugs.	-	umgangssprachlich
unzähl.	-	unzählbar
usw.	-	und so weiter
v mod	-	Modalverb
vi	-	intransitives Verb
vi, vt	-	intransitives, transitives Verb
vt	-	transitives Verb
zähl.	-	zählbar
z.B.	-	zum Beispiel

Griechisch. Abkürzungen

αρ.	-	Maskulinum
αρ.πλ.	-	Maskulinum plural
αρ./θηλ.	-	Maskulinum, Femininum
θηλ.	-	Femininum
θηλ.πλ.	-	Femininum plural
ουδ.	-	Neutrum
ουδ.πλ.	-	Neutrum plural
πλ.	-	Plural

T&P BOOKS

GRIECHISCHER SPRACHFÜHRER

Dieser Teil beinhaltet wichtige Sätze, die sich in verschiedenen realen Situationen als nützlich erweisen können.
Der Sprachführer wird Ihnen dabei helfen nach dem Weg zu fragen, einen Preis zu klären, Tickets zu kaufen und Essen in einem Restaurant zu bestellen.

T&P Books Publishing

INHALT SPRACHFÜHRER

T&P Books Publishing

Das absolute Minimum

Entschuldigen Sie bitte, …	**Συγνώμη, …** [siɣnómi, …]
Hallo.	**Γεια σας.** [ʝa sas]
Danke.	**Ευχαριστώ.** [efxaristó]
Auf Wiedersehen.	**Αντίο.** [adío]
Ja.	**Ναι.** [ne]
Nein.	**Όχι.** [óxi]
Ich weiß nicht.	**Δεν ξέρω.** [ðen ksérо]
Wo? | Wohin? | Wann?	**Πού; | Προς τα πού; | Πότε;** [pú? | pros ta pú? | póte?]

Ich brauche …	**Χρειάζομαι …** [xriázome …]
Ich möchte …	**Θέλω …** [θélʲo …]
Haben Sie …?	**Έχετε …;** [éxete …?]
Gibt es hier …?	**Μήπως υπάρχει … εδώ;** [mípos ipárxi … eðó?]
Kann ich …?	**Θα μπορούσα να …;** [θa borúsa na …?]
Bitte (anfragen)	**…, παρακαλώ** […, parakalʲó]

Ich suche …	**Ψάχνω για …** [psáxno ʝa …]
die Toilette	**τουαλέτα** [tualéta]
den Geldautomat	**ATM** [eitiém]
die Apotheke	**φαρμακείο** [farmakío]
das Krankenhaus	**νοσοκομείο** [nosokomío]
die Polizeistation	**αστυνομικό τμήμα** [astinomikó tmíma]
die U-Bahn	**μετρό** [metró]

das Taxi	**ταξί** [taksí]
den Bahnhof	**σιδηροδρομικό σταθμό** [siðiroðromikó staθmó]

Ich heiße ...	**Ονομάζομαι ...** [onomázome ...]
Wie heißen Sie?	**Πώς ονομάζεστε;** [pós onomázeste?]
Helfen Sie mir bitte.	**Μπορείτε παρακαλώ να με βοηθήσετε;** [boríte parakalʲó na me voiθísete?]
Ich habe ein Problem.	**Έχω ένα πρόβλημα.** [éxo éna próvlima]
Mir ist schlecht.	**Δεν αισθάνομαι καλά.** [ðen esθánome kalʲá]
Rufen Sie einen Krankenwagen!	**Καλέστε ένα ασθενοφόρο!** [kaléste éna asθenofóro!]
Darf ich telefonieren?	**Θα μπορούσα να κάνω ένα τηλέφωνο;** [θa borúsa na káno éna tiléfono?]

Entschuldigung.	**Συγνώμη.** [siɣnómi]
Keine Ursache.	**Παρακαλώ!** [parakalʲó!]

ich	**Εγώ, εμένα** [eɣó, eména]
du	**εσύ** [esí]
er	**αυτός** [aftós]
sie	**αυτή** [aftí]
sie (Pl, Mask.)	**αυτοί** [aftí]
sie (Pl, Fem.)	**αυτές** [aftés]
wir	**εμείς** [emís]
ihr	**εσείς** [esís]
Sie	**εσείς** [esís]

EINGANG	**ΕΙΣΟΔΟΣ** [ísoðos]
AUSGANG	**ΕΞΟΔΟΣ** [éksoðos]

AUßER BETRIEB	**ΕΚΤΟΣ ΛΕΙΤΟΥΡΓΙΑΣ** [éktos liturjías]
GESCHLOSSEN	**ΚΛΕΙΣΤΟ** [klísto]
OFFEN	**ΑΝΟΙΚΤΟ** [aníkto]
FÜR DAMEN	**ΓΥΝΑΙΚΩΝ** [jinekón]
FÜR HERREN	**ΑΝΔΡΩΝ** [ánðron]

Fragen

Wo?	**Πού;** [pú?]
Wohin?	**Προς τα πού;** [pros ta pú?]
Woher?	**Από πού;** [apó pú?]
Warum?	**Γιατί;** [jatí?]
Wozu?	**Για ποιο λόγο;** [ja pio lʲóɣo?]
Wann?	**Πότε;** [póte?]

Wie lange?	**Πόσο χρόνο χρειάζεται;** [póso xróno xriázete?]
Um wie viel Uhr?	**Τι ώρα;** [ti óra?]
Wie viel?	**Πόσο κάνει;** [póso káni?]
Haben Sie ...?	**Μήπως έχετε ...;** [mípos éxete ...?]
Wo befindet sich ...?	**Πού είναι ...;** [pú íne ...?]

Wie spät ist es?	**Τι ώρα είναι;** [ti óra íne?]
Darf ich telefonieren?	**Θα μπορούσα να κάνω ένα τηλέφωνο;** [θa borúsa na káno éna tiléfono?]
Wer ist da?	**Ποιος είναι;** [pios íne?]
Darf ich hier rauchen?	**Μπορώ να καπνίσω εδώ;** [boró na kapníso eðó?]
Darf ich ...?	**Θα μπορούσα να ...;** [θa borúsa na ...?]

Bedürfnisse

Ich hätte gerne …	**Θα ήθελα …** [θa íθelʲa …]
Ich will nicht …	**Δεν θέλω …** [ðen θélʲo …]
Ich habe Durst.	**Διψάω.** [ðipsáo]
Ich möchte schlafen.	**Θέλω να κοιμηθώ.** [θélʲo na kemiθó]

Ich möchte …	**Θέλω …** [θélʲo …]
abwaschen	**να πλυθώ** [na pliθó]
mir die Zähne putzen	**να πλύνω τα δόντια μου** [na plíno ta ðóndia mu]
eine Weile ausruhen	**να ξεκουραστώ λίγο** [na ksekurastó líɣo]
meine Kleidung wechseln	**να αλλάξω ρούχα** [na alʲákso rúxa]

zurück ins Hotel gehen	**να επιστρέψω στο ξενοδοχείο** [na epistrépso sto ksenoðoxío]
kaufen …	**να αγοράσω …** [na aɣoráso …]
gehen …	**να πάω στο …** [na páo sto …]
besuchen …	**να επισκεφτώ …** [na episkeftó …]
treffen …	**να συναντηθώ με …** [na sinandiθó me …]
einen Anruf tätigen	**να τηλεφωνήσω** [na tilefoníso]

Ich bin müde.	**Είμαι κουρασμένος /κουρασμένη/.** [íme kurazménos /kurazméni/]
Wir sind müde.	**Είμαστε κουρασμένοι.** [ímaste kurazméni]
Mir ist kalt.	**Κρυώνω.** [krióno]
Mir ist heiß.	**Ζεσταίνομαι.** [zesténome]
Mir passt es.	**Είμαι καλά.** [íme kalʲá]

Ich muss telefonieren.	**Πρέπει να κάνω ένα τηλέφωνο.** [prépi na káno éna tiléfono]
Ich muss auf die Toilette.	**Πρέπει να πάω στην τουαλέτα.** [prépi na páo sten tualéta]
Ich muss gehen.	**Πρέπει να φύγω.** [prépi na fíɣo]
Ich muss jetzt gehen.	**Πρέπει να φύγω τώρα.** [prépi na fíɣo tóra]

Wie man nach dem Weg fragt

Entschuldigen Sie bitte, ...	**Συγνώμη, ...** [siɣnómi, ...]
Wo befindet sich ...?	**Πού είναι ...;** [pú íne ...?]
Welcher Weg ist ...?	**Από ποιο δρόμο είναι ...;** [apó pio ðrómo íne ...?]
Könnten Sie mir bitte helfen?	**Θα μπορούσατε να με βοηθήσετε παρακαλώ;** [θa borúsate na me voiθísete parakalʲó?]

Ich suche ...	**Ψάχνω για ...** [psáxno ʝa ...]
Ich suche den Ausgang.	**Ψάχνω για την έξοδο.** [psáxno ʝa tin éksoðo]
Ich fahre nach ...	**Πηγαίνω στ ...** [piʝéno st ...]
Gehe ich richtig nach ...?	**Πηγαίνω σωστά από εδώ για ...;** [piʝéno sostá apó eðó ʝa ...?]

Ist es weit?	**Είναι μακριά από εδώ;** [íne makriá apó eðó?]
Kann ich dort zu Fuß hingehen?	**Μπορώ να πάω εκεί με τα πόδια;** [boró na páo ekí me ta póðia?]
Können Sie es mir auf der Karte zeigen?	**Μπορείτε να μου δείξετε στο χάρτη;** [boríte na mu ðíksete sto xárti?]
Zeigen Sie mir wo wir gerade sind.	**Δείξετε μου που βρισκόμαστε αυτή τη στιγμή.** [ðíksete mu pu vriskómaste aftí ti stiɣmí]

Hier	**Εδώ** [eðó]
Dort	**Εκεί** [ekí]
Hierher	**Από εδώ** [apó eðó]

Biegen Sie rechts ab.	**Στρίψτε δεξιά.** [strípste ðeksiá]
Biegen Sie links ab.	**Στρίψτε αριστερά.** [strípste aristerá]
erste (zweite, dritte) Abzweigung	**πρώτος (δεύτερος, τρίτος) δρόμος** [prótos (ðéfteros, trítos) ðrómos]

nach rechts	**δεξιά** [ðeksiá]
nach links	**αριστερά** [aristerá]
Laufen Sie geradeaus.	**Πηγαίνετε όλο ευθεία.** [pij̯énete ólʲo efθía]

Schilder

HERZLICH WILLKOMMEN!	**ΚΑΛΩΣ ΗΡΘΑΤΕ!** [kalʲós ípθate!]
EINGANG	**ΕΙΣΟΔΟΣ** [ísoðos]
AUSGANG	**ΕΞΟΔΟΣ** [éksoðos]
DRÜCKEN	**ΩΘΗΣΑΤΕ** [oθísate]
ZIEHEN	**ΕΛΞΑΤΕ** [élʲksate]
OFFEN	**ΑΝΟΙΚΤΟ** [aníkto]
GESCHLOSSEN	**ΚΛΕΙΣΤΟ** [klísto]
FÜR DAMEN	**ΓΥΝΑΙΚΩΝ** [j̯inekón]
FÜR HERREN	**ΑΝΔΡΩΝ** [ánðron]
HERREN-WC	**ΚΥΡΙΟΙ** [kíri]
DAMEN-WC	**ΚΥΡΙΕΣ** [kíries]
RABATT | REDUZIERT	**ΕΚΠΤΩΣΕΙΣ** [ekptósis]
AUSVERKAUF	**ΞΕΠΟΥΛΗΜΑ** [ksepúlima]
GRATIS	**ΔΩΡΕΑΝ** [ðoreán]
NEU!	**ΝΕΟ!** [néo!]
ACHTUNG!	**ΠΡΟΣΟΧΗ!** [prosoxí!]
KEINE ZIMMER FREI	**ΔΕΝ ΥΠΑΡΧΟΥΝ ΚΕΝΑ ΔΩΜΑΤΙΑ** [ðen ipárxun kená ðomátia]
RESERVIERT	**ΡΕΖΕΡΒΕ** [rezervé]
VERWALTUNG	**ΔΙΕΥΘΥΝΤΗΣ** [ðiéfθindis]
NUR FÜR PERSONAL	**ΜΟΝΟ ΓΙΑ ΤΟ ΠΡΟΣΩΠΙΚΟ** [móno j̯a to prosópiko]

BISSIGER HUND	**ΠΡΟΣΟΧΗ ΣΚΥΛΟΣ** [prosoxí skílʲos]
RAUCHEN VERBOTEN!	**ΑΠΑΓΟΡΕΥΕΤΑΙ ΤΟ ΚΑΠΝΙΣΜΑ** [apaɣorévete to kápnizma]
NICHT ANFASSEN!	**ΜΗΝ ΑΓΓΙΖΕΤΕ!** [min angízete!]
GEFÄHRLICH	**ΕΠΙΚΙΝΔΥΝΟ** [epikínðino]
GEFAHR	**ΚΙΝΔΥΝΟΣ** [kínðinos]
HOCHSPANNUNG	**ΥΨΗΛΗ ΤΑΣΗ** [ípseli tási]
BADEN VERBOTEN	**ΑΠΑΓΟΡΕΥΕΤΑΙ ΤΟ ΚΟΛΥΜΠΙ** [apaɣorévete to kolíbi]

AUßER BETRIEB	**ΕΚΤΟΣ ΛΕΙΤΟΥΡΓΙΑΣ** [éktos liturʝías]
LEICHTENTZÜNDLICH	**ΕΥΦΛΕΚΤΟ** [éflekto]
VERBOTEN	**ΑΠΑΓΟΡΕΥΕΤΑΙ** [apaɣorévete]
DURCHGANG VERBOTEN	**ΑΠΑΓΟΡΕΥΕΤΑΙ Η ΕΙΣΟΔΟΣ** [apaɣorévete i ísoðos]
FRISCH GESTRICHEN	**ΦΡΕΣΚΟΒΑΜΜΕΝΟ** [frésko vaméno]

WEGEN RENOVIERUNG GESCHLOSSEN	**ΚΛΕΙΣΤΟ ΛΟΓΩ ΕΡΓΑΣΙΩΝ** [klísto lʲóɣo erɣásion]
ACHTUNG BAUARBEITEN	**ΕΡΓΑ ΕΝ ΟΨΕΙ** [érɣa en ópsi]
UMLEITUNG	**ΠΑΡΑΚΑΜΨΗ** [parákampsi]

Transport - Allgemeine Phrasen

Flugzeug	**αεροπλάνο** [aeropl^jáno]
Zug	**τρένο** [tréno]
Bus	**λεωφορείο** [leoforío]
Fähre	**φέρι μποτ** [féri bot]
Taxi	**ταξί** [taksí]
Auto	**αυτοκίνητο** [aftokínito]
Zeitplan	**δρομολόγιο** [ðromol^jójo]
Wo kann ich den Zeitplan sehen?	**Πού μπορώ να δω το δρομολόγιο;** [pú boró na ðo to ðromol^jójo?]
Arbeitstage	**εργάσιμες ημέρες** [eryásimes iméres]
Wochenenden	**Σαββατοκύριακα** [savatokíriaka]
Ferien	**διακοπές** [ðiakopés]
ABFLUG	**ΑΝΑΧΩΡΗΣΗ** [anaxórisi]
ANKUNFT	**ΑΦΙΞΗ** [áfiksi]
VERSPÄTET	**ΚΑΘΥΣΤΕΡΗΣΗ** [kaθistérisi]
GESTRICHEN	**ΑΚΥΡΩΣΗ** [akírosi]
nächste (Zug, usw.)	**επόμενο** [epómeno]
erste	**πρώτο** [próto]
letzte	**τελευταίο** [teleftéo]
Wann kommt der Nächste ...?	**Πότε είναι το επόμενο ...;** [póte íne to epómeno ...?]
Wann kommt der Erste ...?	**Πότε είναι το πρώτο ...;** [póte íne to próto ...?]

Wann kommt der Letzte ...?

Πότε είναι το τελευταίο ...;
[póte íne to teleftéo ...?]

Transfer

ανταπόκριση
[andapókrisi]

einen Transfer machen

αλλάζω
[alʲázo]

Muss ich einen Transfer machen?

χρειάζεται να αλλάζω;
[xriázete na alʲázo?]

Eine Fahrkarte kaufen

Wo kann ich Fahrkarten kaufen?	Πού μπορώ να αγοράσω εισιτήριο; [pú boró na aɣoráso isitírio?]
Fahrkarte	εισιτήριο [isitírio]
Eine Fahrkarte kaufen	αγοράζω εισιτήριο [aɣorázo isitírio]
Fahrkartenpreis	τιμή εισιτηρίου [timí isitiríu]

Wohin?	Για πού; [ja pú?]
Welche Station?	Σε ποια στάση; [se pia stási?]
Ich brauche ...	Χρειάζομαι ... [xriázome ...]
eine Fahrkarte	ένα εισιτήριο [éna isitírio]
zwei Fahrkarten	δύο εισιτήρια [ðío isitíria]
drei Fahrkarten	τρία εισιτήρια [tría isitíria]

in eine Richtung	απλή μετάβαση [aplí metávasi]
hin und zurück	μετ' επιστροφής [met epistrofís]
erste Klasse	πρώτη θέση [próti θési]
zweite Klasse	δεύτερη θέση [ðéfteri θési]

heute	σήμερα [símera]
morgen	αύριο [ávrio]
übermorgen	μεθαύριο [meθávrio]
am Vormittag	το πρωί [to proí]
am Nachmittag	το απόγευμα [to apójevma]
am Abend	το βράδυ [to vráði]

Gangplatz	**θέση δίπλα στον διάδρομο** [θési ðípla ston ðiáðromo]
Fensterplatz	**θέση δίπλα στο παράθυρο** [θési ðíplʲa sto paráθiro]
Wie viel?	**Πόσο κάνει;** [póso káni?]
Kann ich mit Karte zahlen?	**Μπορώ να πληρώσω με πιστωτική κάρτα;** [boró na pliróso me pistotikí kárta?]

Bus

Bus	**λεωφορείο** [leoforío]
Fernbus	**υπεραστικό λεωφορείο** [iperastikó leoforío]
Bushaltestelle	**στάση λεωφορείου** [stási leoforíu]
Wo ist die nächste Bushaltestelle?	**Πού είναι η πιο κοντινή στάση λεωφορείου;** [pú íne i pio kondiní stási leoforíu?]
Nummer	**αριθμός** [ariθmós]
Welchen Bus nehme ich um nach … zu kommen?	**Ποιο λεωφορείο πρέπει να πάρω για να πάω …;** [pio leoforío prépi na páro ʝa na páo …?]
Fährt dieser Bus nach …?	**Πάει αυτό το λεωφορείο στ …;** [pái aftó to leoforío st …?]
Wie oft fahren die Busse?	**Κάθε πότε έχει λεωφορείο;** [káθe póte éxi leoforío?]
alle fünfzehn Minuten	**κάθε 15 λεπτά** [káθe ðekapénde leptá]
jede halbe Stunde	**κάθε μισή ώρα** [káθe misí óra]
jede Stunde	**κάθε μία ώρα** [káθe mía óra]
mehrmals täglich	**αρκετές φορές την μέρα** [arketés forés tin méra]
… Mal am Tag	**… φορές την μέρα** [… forés tin méra]
Zeitplan	**δρομολόγιο** [ðromolʲóʝo]
Wo kann ich den Zeitplan sehen?	**Πού μπορώ να δω το δρομολόγιο;** [pú boró na ðo to ðromolʲóʝo?]
Wann kommt der nächste Bus?	**Πότε είναι το επόμενο λεωφορείο;** [póte íne to epómeno leoforío?]
Wann kommt der erste Bus?	**Πότε είναι το πρώτο λεωφορείο;** [póte íne to próto leoforío?]
Wann kommt der letzte Bus?	**Πότε είναι το τελευταίο λεωφορείο;** [póte íne to teleftéo leoforío?]

Halt	**στάση** [stási]
Nächster Halt	**η επόμενη στάση** [i epómeni stási]
Letzter Halt	**η τελευταία στάση** [i teleftéa stási]
Halten Sie hier bitte an.	**Σταματήστε εδώ, παρακαλώ.** [stamatíste eðó, parakalʲó]
Entschuldigen Sie mich, dies ist meine Haltestelle.	**Συγνώμη, εδώ κατεβαίνω.** [siɣnómi, eðó katevéno]

Zug

Zug	**τρένο** [tréno]
S-Bahn	**ηλεκτροκίνητο τρένο** [ilektrokínito tréno]
Fernzug	**τρένο για διαδρομές μεγάλων αποστάσεων** [tréno ja ðiaðromés meɣálʲon apostáseon]
Bahnhof	**σταθμός τρένου** [staθmós trénu]
Entschuldigen Sie bitte, wo ist der Ausgang zum Bahngleis?	**Συγνώμη, που είναι η έξοδος για την πλατφόρμα επιβίβασης;** [siɣnómi, pu íne i éksoðos ja tin plʲatfórma epivívasis?]
Fährt dieser Zug nach ...?	**Πηγαίνει αυτό το τρένο στ ...;** [pijéni aftó to tréno st ...?]
nächste Zug	**επόμενο τρένο** [epómeno tréno]
Wann kommt der nächste Zug?	**Πότε είναι το επόμενο τρένο;** [póte íne to epómeno tréno?]
Wo kann ich den Zeitplan sehen?	**Πού μπορώ να δω το δρομολόγιο;** [pú boró na ðo to ðromolʲójo?]
Von welchem Bahngleis?	**Από ποια πλατφόρμα;** [apó pia plʲatfórma?]
Wann kommt der Zug in ... an?	**Πότε φθάνει το τραίνο στο ...;** [póte fθáni to tréno sto ...?]
Helfen Sie mir bitte.	**Παρακαλώ βοηθήστε με.** [parakalʲó voiθíste me]
Ich suche meinen Platz.	**Ψάχνω τη θέση μου.** [psáxno ti θési mu]
Wir suchen unsere Plätze.	**Ψάχνουμε τις θέσεις μας.** [psáxnume tis θésis mas]
Unser Platz ist besetzt.	**Η θέση μου είναι πιασμένη.** [i θési mu íne piazméni]
Unsere Plätze sind besetzt.	**Οι θέσεις μας είναι πιασμένες.** [i θésis mas íne piazménes]
Entschuldigen Sie, aber das ist mein Platz.	**Συγνώμη αλλά αυτή είναι η θέση μου.** [siɣnómi alʲá aftí íne i θési mu]

Ist der Platz frei?	**Είναι αυτή η θέση πιασμένη;** [íne afté i θési piazméni?]
Darf ich mich hier setzen?	**Θα μπορούσα να κάτσω εδώ;** [θa borúsa na kátso eðó?]

Im Zug - Dialog (Keine Fahrkarte)

Fahrkarte bitte.	**Το εισιτήριό σας, παρακαλώ.** [to isitírió sas, parakalʲó]
Ich habe keine Fahrkarte.	**Δεν έχω εισιτήριο.** [ðen éxo isitírio]
Ich habe meine Fahrkarte verloren.	**Έχασα το εισιτήριο μου.** [éxasa to isitírio mu]
Ich habe meine Fahrkarte zuhause vergessen.	**Ξέχασα το εισιτήριό μου στο σπίτι.** [kséxasa to isitírió mu sto spíti]
Sie können von mir eine Fahrkarte kaufen.	**Μπορώ εγώ να σας εκδώσω εισιτήριο.** [boró eɣó na sas ekðóso isitírio]
Sie werden auch eine Strafe zahlen.	**Πρέπει να πληρώσετε και πρόστιμο.** [prépi na plirósete ke próstimo]
Gut.	**Εντάξει.** [endáksi]
Wohin fahren Sie?	**Πού πάτε;** [pú páte?]
Ich fahre nach ...	**Πηγαίνω στ ...** [pij̃éno st ...]
Wie viel? Ich verstehe nicht.	**Πόσο κάνει; Δεν καταλαβαίνω.** [póso káni? ðen katalʲavéno]
Schreiben Sie es bitte auf.	**Γράψτε το παρακαλώ.** [ɣrápste to parakalʲó]
Gut. Kann ich mit Karte zahlen?	**Εντάξει. Μπορώ να πληρώσω με πιστωτική κάρτα;** [endáksi. boró na pliróso me pistotikí kárta?]
Ja, das können Sie.	**Ναι μπορείτε.** [ne boríte]
Hier ist ihre Quittung.	**Ορίστε η απόδειξή σας.** [oríste i apóðiksí sas]
Tut mir leid wegen der Strafe.	**Συγνώμη για το πρόστιμο.** [siɣnómi ja to próstimo]
Das ist in Ordnung. Es ist meine Schuld.	**Είναι εντάξει. Ήταν δικό μου λάθος.** [íne endáksi. ítan ðikó mu lʲáθos]
Genießen Sie Ihre Fahrt.	**Καλό ταξίδι.** [kalʲó taksíði]

Taxi

Taxi	**ταξί** [taksí]
Taxifahrer	**οδηγός ταξί** [oðiɣós taksí]
Ein Taxi nehmen	**να πάρω ένα ταξί** [na páro éna taksí]
Taxistand	**πιάτσα ταξί** [piátsa taksí]
Wo kann ich ein Taxi bekommen?	**Πού μπορώ να βρω ένα ταξί;** [pú boró na vro éna taksí?]
Ein Taxi rufen	**καλώ ένα ταξί** [kalʲó éna taksí]
Ich brauche ein Taxi.	**χρειάζομαι ένα ταξί.** [xriázome éna taksí]
Jetzt sofort.	**Τώρα.** [tóra]
Wie ist Ihre Adresse? (Standort)	**Ποια είναι η διεύθυνσή σας;** [pia íne i ðiéfθinsí sas?]
Meine Adresse ist ...	**Η διεύθυνσή μου είναι ...** [i ðiéfθinsi mu íne ...]
Ihr Ziel?	**Πού πηγαίνετε;** [pú pij̯énete?]

Entschuldigen Sie bitte, ...	**Συγνώμη, ...** [siɣnómi, ...]
Sind Sie frei?	**Είστε ελεύθερος;** [íste eléfθeros?]
Was kostet die Fahrt nach ...?	**Πόσο κοστίζει να πάω μέχρι ...;** [póso kostízi na páo méxri ...?]
Wissen Sie wo es ist?	**Ξέρετε που είναι;** [ksérete pu íne?]

Flughafen, bitte.	**Στο αεροδρόμιο, παρακαλώ.** [sto aeroðrómio, parakalʲó]
Halten Sie hier bitte an.	**Σταματήστε εδώ, παρακαλώ.** [stamatíste eðó, parakalʲó]
Das ist nicht hier.	**Δεν είναι εδώ.** [ðen íne eðó]
Das ist die falsche Adresse.	**Αυτή είναι λάθος διεύθυνση.** [aftí íne lʲáθos ðiéfθinsi]
nach links	**Στρίψτε αριστερά.** [strípste aristerá]
nach rechts	**Στρίψτε δεξιά.** [strípste ðeksiá]

Was schulde ich Ihnen?	**Τι σας οφείλω;** [ti sas ofílʲo?]
Ich würde gerne ein Quittung haben, bitte.	**Θα ήθελα παρακαλώ μία απόδειξη.** [θa íθelʲa parakalʲó mía apóðiksi]
Stimmt so.	**Κρατήστε τα ρέστα.** [kratíste ta résta]

Warten Sie auf mich bitte	**Μπορείτε παρακαλώ να με περιμένετε;** [boríte parakalʲó na me periménete?]
fünf Minuten	**πέντε λεπτά** [pénde leptá]
zehn Minuten	**δέκα λεπτά** [ðéka leptá]
fünfzehn Minuten	**δεκαπέντε λεπτά** [ðekapénde leptá]
zwanzig Minuten	**είκοσι λεπτά** [íkosi leptá]
eine halbe Stunde	**μισή ώρα** [misí óra]

Hotel

Guten Tag.	**Γεια σας.** [ʝa sas]
Mein Name ist ...	**Ονομάζομαι ...** [onomázome ...]
Ich habe eine Reservierung.	**Έχω κάνει μια κράτηση.** [éxo káni mia krátisi]

Ich brauche ...	**Χρειάζομαι ...** [xriázome ...]
ein Einzelzimmer	**ένα μονόκλινο δωμάτιο** [éna monóklino ðomátio]
ein Doppelzimmer	**ένα δίκλινο δωμάτιο** [éna ðíklino ðomátio]
Wie viel kostet das?	**Πόσο κοστίζει;** [póso kostízi?]
Das ist ein bisschen teuer.	**Είναι λίγο ακριβό.** [íne líɣo akrivó]

Haben Sie sonst noch etwas?	**Έχετε κάτι άλλο διαθέσιμο;** [éxete káti álʲo ðiaθésimo?]
Ich nehme es.	**Θα το κλείσω.** [θa to klíso]
Ich zahle bar.	**Θα πληρώσω μετρητά.** [θa pliróso metritá]

Ich habe ein Problem.	**Έχω ένα πρόβλημα.** [éxo éna próvlima]
Mein ... ist kaputt.	**Το ... μου είναι σπασμένο.** [to ... mu íne spazméno]
Mein ... ist außer Betrieb.	**Το ... μου δεν λειτουργεί.** [to ... mu ðen liturʝí]
Fernseher	**τηλεόραση** [tileórasi]
Klimaanlage	**κλιματισμός** [klimatizmós]
Wasserhahn	**βρύση** [vrísi]

Dusche	**ντους** [dus]
Waschbecken	**νιπτήρας** [niptíras]
Safe	**χρηματοκιβώτιο** [xrimatokivótio]

Türschloss	κλειδαριά [kliðariá]
Steckdose	πρίζα [príza]
Föhn	σεσουάρ μαλλιών [sesuár malión]

Ich habe kein ...	Δεν έχω καθόλου ... [ðen éxo kaθólʲu ...]
Wasser	νερό [neró]
Licht	φως [fos]
Strom	ηλεκτρικό ρεύμα [ilektrikó révma]

Können Sie mir ... geben?	Μπορείτε να μου δώσετε ...; [boríte na mu ðósete ...?]
ein Handtuch	μια πετσέτα [mia petséta]
eine Decke	μια κουβέρτα [mia kuvérta]
Hausschuhe	παντόφλες [pandófles]
einen Bademantel	μία ρόμπα [mía róba]
etwas Shampoo	σαμπουάν [sambuán]
etwas Seife	σαπούνι [sapúni]

Ich möchte ein anderes Zimmer haben.	Θα ήθελα να αλλάξω δωμάτιο. [θa íθelʲa na alʲákso ðomátio]
Ich kann meinen Schlüssel nicht finden.	Δεν βρίσκω το κλειδί μου. [ðen vrísko to kliðí mu]
Machen Sie bitte meine Tür auf	Θα μπορούσατε παρακαλώ να ανοίξετε το δωμάτιό μου; [θa borúsate parakalʲó na aníksete to ðomátió mu?]
Wer ist da?	Ποιος είναι; [pios íne?]
Kommen Sie rein!	Περάστε! [peráste!]
Einen Moment bitte!	Μια στιγμή! [mia stiɣmí!]

Nicht jetzt bitte.	Όχι τώρα, παρακαλώ. [óxi tóra, parakalʲó]
Kommen Sie bitte in mein Zimmer.	Παρακαλώ, μπείτε στο δωμάτιό μου. [parakalʲó, bíte sto ðomátió mu]

Ich würde gerne Essen bestellen.	**Θα ήθελα να παραγγείλω φαγητό στο δωμάτιο.** [θa íθelʲa na parangílʲo faʝitó sto ðomátio]
Meine Zimmernummer ist …	**Ο αριθμός δωματίου μου είναι …** [o ariθmós ðomatíu mu íne …]
Ich reise … ab.	**Φεύγω …** [févɣo …]
Wir reisen … ab.	**Φεύγουμε …** [févɣume …]
jetzt	**τώρα** [tóra]
diesen Nachmittag	**σήμερα το απόγευμα** [símera to apóʝevma]
heute Abend	**απόψε** [apópse]
morgen	**αύριο** [ávrio]
morgen früh	**αύριο το πρωί** [ávrio to proí]
morgen Abend	**αύριο βράδυ** [ávrio vráði]
übermorgen	**μεθαύριο** [meθávrio]

Ich möchte die Zimmerrechnung begleichen.	**Θα ήθελα να πληρώσω.** [θa íθelʲa na pliróso]
Alles war wunderbar.	**Όλα ήταν υπέροχα.** [ólʲa ítan ipéroxa]
Wo kann ich ein Taxi bekommen?	**Πού μπορώ να πάρω ένα ταξί;** [pú boró na páro éna taksí?]
Würden Sie bitte ein Taxi für mich holen?	**Μπορείτε παρακαλώ να καλέσετε ένα ταξί για μένα;** [boríte parakalʲó na kalésete éna taksí ʝa ména?]

Restaurant

Könnte ich die Speisekarte sehen bitte?	**Μπορώ να έχω έναν κατάλογο παρακαλώ;** [boró na éxo énan katálʲoγo parakalʲó?]
Tisch für einen.	**Τραπέζι για ένα άτομο.** [trapézi ja éna átomo]
Wir sind zu zweit (dritt, viert).	**Είμαστε δύο (τρία, τέσσερα) άτομα.** [ímaste ðío (tría, tésera) átoma]

Raucher	**Επιτρέπεται Κάπνισμα** [epitrépete kápnizma]
Nichtraucher	**Απαγορεύεται το κάπνισμα** [apaγorévete to kápnizma]
Entschuldigen Sie mich! (Einen Kellner ansprechen)	**Συγνώμη!** [siγnómi!]
Speisekarte	**κατάλογος φαγητού** [katálʲoγos fajitú]
Weinkarte	**κατάλογος κρασιών** [katálʲoγos krasión]
Die Speisekarte bitte.	**Τον κατάλογο, παρακαλώ.** [ton katálʲoγo, parakalʲó]

Sind Sie bereit zum bestellen?	**Είστε έτοιμος να παραγγείλετε;** [íste étimos na parangílete?]
Was würden Sie gerne haben?	**Τι θα πάρετε;** [ti θa párete?]
Ich möchte …	**Θα πάρω …** [θa páro …]

Ich bin Vegetarier.	**Είμαι χορτοφάγος.** [íme xortofáγos]
Fleisch	**κρέας** [kréas]
Fisch	**ψάρι** [psári]
Gemüse	**λαχανικά** [lʲaxaniká]
Haben Sie vegetarisches Essen?	**Έχετε πιάτα για χορτοφάγους;** [éxete piáta ja xortofágus?]
Ich esse kein Schweinefleisch.	**Δεν τρώω χοιρινό.** [ðen tróo xirinó]
Er /Sie/ isst kein Fleisch.	**Αυτός /αυτή/ δεν τρώει κρέας.** [aftós /aftí/ ðen trói kréas]

Ich bin allergisch auf ...	**Είμαι αλλεργικός στο ...** [íme alerʝikós sto ...]
Könnten Sie mir bitte ... Bringen.	**Μπορείτε παρακαλώ να μου φέρετε ...** [boríte parakalʲó na mu férete ...]
Salz | Pfeffer | Zucker	**αλάτι | πιπέρι | ζάχαρη** [alʲáti | pipéri | záxari]
Kaffee | Tee | Nachtisch	**καφέ | τσάι | επιδόρπιο** [kafé | tsái | epiðórpio]
Wasser | Sprudel | stilles	**νερό | ανθρακούχο | φυσικό μεταλλικό** [neró | anθrakúxo | fisikó metalikó]
einen Löffel | eine Gabel | ein Messer	**ένα κουτάλι | πιρούνι | μαχαίρι** [éna kutáli | pirúni | maxéri]
einen Teller | eine Serviette	**ένα πιάτο | πετσέτα** [éna piáto | petséta]

Guten Appetit!	**Καλή όρεξη!** [kalí óreksi!]
Noch einen bitte.	**Ένα ακόμα, παρακαλώ.** [éna akóma, parakalʲó]
Es war sehr lecker.	**Ήταν πολύ νόστιμο.** [ítan polí nóstimo]

Scheck | Wechselgeld | Trinkgeld	**λογαριασμός | ρέστα | πουρμπουάρ** [lʲoɣariazmós | résta | purbuár]
Zahlen bitte.	**Τον λογαριασμό, παρακαλώ.** [ton lʲoɣariazmó, parakalʲó]
Kann ich mit Karte zahlen?	**Μπορώ να πληρώσω με πιστωτική κάρτα;** [boró na pliróso me pistotikí kárta?]
Entschuldigen Sie, hier ist ein Fehler.	**Συγνώμη, εδώ υπάρχει ένα λάθος.** [siɣnómi, eðó ipárxi éna lʲáθos]

Einkaufen

Kann ich Ihnen behilflich sein?	**Τι θα θέλατε παρακαλώ;** [ti θa θélʲate parakalʲó?]
Haben Sie ...?	**Έχετε ...;** [éxete ...?]
Ich suche ...	**Ψάχνω για ...** [psáxno j̯a ...]
Ich brauche ...	**Χρειάζομαι ...** [xriázome ...]

Ich möchte nur schauen.	**Ρίχνω απλώς μία ματιά.** [ríxno aplʲós mía matiá]
Wir möchten nur schauen.	**Ρίχνουμε απλώς μία ματιά.** [ríxnume aplʲós mía matiá]
Ich komme später noch einmal zurück.	**Θα ξαναέρθω αργότερα.** [θa ksanaérθo arɣótera]
Wir kommen später vorbei.	**Θα ξαναέρθουμε αργότερα.** [θa ksanaérθume arɣótera]
Rabatt | Ausverkauf	**εκπτώσεις | πώληση με προσφορά** [ekptósis | pólisi me prosforá]

Zeigen Sie mir bitte ...	**Μπορείτε παρακαλώ να μου δείξετε ...** [boríte parakalʲó na mu ðíksete ...]
Geben Sie mir bitte ...	**Μπορείτε παρακαλώ να μου δώσετε ...** [boríte parakalʲó na mu ðósete ...]
Kann ich es anprobieren?	**Μπορώ να το δοκιμάσω;** [boró na to ðokimáso?]
Entschuldigen Sie bitte, wo ist die Anprobe?	**Συγνώμη, που είναι το δοκιμαστήριο;** [siɣnómi, pu íne to ðokimastírio?]
Welche Farbe mögen Sie?	**Ποιο χρώμα θα θέλατε;** [pio xróma θa θélʲate?]
Größe | Länge	**μέγεθος | νούμερο** [méj̯eθos | número]
Wie sitzt es?	**Μου πάει;** [mu pái?]
Was kostet das?	**Πόσο κάνει;** [póso káni?]
Das ist zu teuer.	**Είναι πολύ ακριβό.** [íne polí akrivó]
Ich nehme es.	**Θα το πάρω.** [θa to páro]

Entschuldigen Sie bitte, wo ist die Kasse?	**Συγνώμη, που μπορώ να πληρώσω;** [siɣnómi, pu boró na pliróso?]
Zahlen Sie Bar oder mit Karte?	**Θα πληρώσετε με μετρητά ή με πιστωτική κάρτα;** [θa plirósete me metritá í me pistotikí kárta?]
in Bar | mit Karte	**Τοις μετρητοίς | με πιστωτική κάρτα** [tis metritoís | me pistotikí kárta]

Brauchen Sie die Quittung?	**Θέλετε απόδειξη;** [θélete apóðiksi?]
Ja, bitte.	**Ναι παρακαλώ.** [ne parakalʲó]
Nein, es ist ok.	**Όχι, είναι εντάξει.** [óxi, íne endáksi]
Danke. Einen schönen Tag noch!	**Ευχαριστώ. Καλή σας μέρα!** [efxaristó. kalí sas méra!]

In der Stadt

Entschuldigen Sie bitte, ...	**Με συγχωρείτε, ...** [me sinxoríte, ...]
Ich suche ...	**Ψάχνω για ...** [psáxno ʝa ...]
die U-Bahn	**μετρό** [metró]
mein Hotel	**το ξενοδοχείο μου** [to ksenoðoxío mu]
das Kino	**σινεμά** [sinemá]
den Taxistand	**πιάτσα ταξί** [piátsa taksí]
einen Geldautomat	**ATM** [eitiém]
eine Wechselstube	**ανταλλακτήριο συναλλάγματος** [adalʲaktírio sinalʲáɣmatos]
ein Internetcafé	**ίντερνετ καφέ** [índernet kafé]
die ... -Straße	**την οδό ...** [tin oðó ...]
diesen Ort	**αυτό το μέρος** [aftó to méros]
Wissen Sie, wo ... ist?	**Ξέρετε πού είναι ...;** [ksérete pú íne ...?]
Wie heißt diese Straße?	**Ποια οδός είναι αυτή;** [pia oðós íne aftí?]
Zeigen Sie mir wo wir gerade sind.	**Δείξετε μου που βρισκόμαστε αυτή τη στιγμή.** [ðíksete mu pu vriskómaste aftí ti stiɣmí]
Kann ich dort zu Fuß hingehen?	**Μπορώ να πάω εκεί με τα πόδια;** [boró na páo ekí me ta póðia?]
Haben Sie einen Stadtplan?	**Μήπως έχετε χάρτη της πόλης;** [mípos éxete xárti tis pólis?]
Was kostet eine Eintrittskarte?	**Πόσο κάνει το εισιτήριο για να μπείς μέσα;** [póso káni to isitírio ʝa na béis mésa?]
Darf man hier fotografieren?	**Μπορώ να βγάλω φωτογραφίες εδώ;** [boró na vɣálʲo fotografíes eðó?]
Haben Sie offen?	**Είστε ανοικτά;** [íste aniktá?]

Wann öffnen Sie?

Πότε ανοίγετε;
[póte aníjete?]

Wann schließen Sie?

Πότε κλείνετε;
[póte klínete?]

Geld

Geld	**χρήματα** [xrímata]
Bargeld	**μετρητά** [metritá]
Papiergeld	**χαρτονομίσματα** [xartonomízmata]
Kleingeld	**ρέστα** [résta]
Scheck | Wechselgeld | Trinkgeld	**λογαριασμός | ρέστα | πουρμπουάρ** [lʲoɣariazmós | résta | purbuár]
Kreditkarte	**πιστωτική κάρτα** [pistotikí kárta]
Geldbeutel	**πορτοφόλι** [portofóli]
kaufen	**αγοράζω** [aɣorázo]
zahlen	**πληρώνω** [pliróno]
Strafe	**πρόστιμο** [próstimo]
kostenlos	**δωρεάν** [ðoreán]
Wo kann ich ... kaufen?	**Πού μπορώ να αγοράσω ...;** [pú boró na aɣoráso ...?]
Ist die Bank jetzt offen?	**Είναι τώρα η τράπεζα ανοιχτή;** [íne tóra i trápeza anixtí?]
Wann öffnet sie?	**Πότε ανοίγει;** [póte aníʝi?]
Wann schließt sie?	**Πότε κλείνει;** [póte klíni?]
Wie viel?	**Πόσο κάνει;** [póso káni?]
Was kostet das?	**Πόσο κάνει αυτό;** [póso káni aftó?]
Das ist zu teuer.	**Είναι πολύ ακριβό.** [íne polí akrivó]
Entschuldigen Sie bitte, wo ist die Kasse?	**Συγνώμη, που μπορώ να πληρώσω;** [siɣnómi, pu boró na pliróso?]
Ich möchte zahlen.	**Τον λογαριασμό, παρακαλώ.** [ton lʲoɣariazmó, parakalʲó]

Kann ich mit Karte zahlen?

**Μπορώ να πληρώσω
με πιστωτική κάρτα;**
[boró na pliróso
me pistotikí kárta?]

Gibt es hier einen Geldautomat?

**Μήπως υπάρχει εδώ
κοντά κάποιο ATM;**
[mípos ipárxi eðó
kondá kápio eitiém?]

Ich brauche einen Geldautomat.

Ψάχνω να βρω ένα ATM.
[psáxno ja na vro éna eitiém]

Ich suche eine Wechselstube.

**Ψάχνω για ένα ανταλλακτήριο
συναλλάγματος.**
[psáxno ja éna andalʲaktírio
sinalʲáɣmatos]

Ich möchte … wechseln.

Θα ήθελα να αλλάξω …
[θa íθelʲa na alʲákso …]

Was ist der Wechselkurs?

Ποια είναι η τιμή συναλλάγματος;
[pia íne i timí sinalʲáɣmatos?]

Brauchen Sie meinen Reisepass?

Θέλετε το διαβατήριο μου;
[θélete to ðiavatírio mu?]

Zeit

Wie spät ist es?	**Τι ώρα είναι;** [ti óra íne?]
Wann?	**Πότε;** [póte?]
Um wie viel Uhr?	**Τι ώρα;** [ti óra?]
jetzt | später | nach ...	**τώρα | αργότερα | μετά ...** [tóra | aryótera | metá ...]
ein Uhr	**μία η ώρα** [mía i óra]
Viertel zwei	**μία και τέταρτο** [mía ke tétarto]
Ein Uhr dreißig	**μία και μισή** [mía ke misí]
Viertel vor zwei	**δύο παρά τέταρτο** [ðío pará tétarto]
eins | zwei | drei	**μία | δύο | τρις** [mía | ðío | tris]
vier | fünf | sechs	**τέσσερις | πέντε | έξι** [téseris | pénde | éksi]
sieben | acht | neun	**επτά | οκτώ | εννέα** [eptá | októ | enéa]
zehn | elf | zwölf	**δέκα | έντεκα | δώδεκα** [ðéka | éndeka | ðóðeka]
in ...	**σε ...** [se ...]
fünf Minuten	**πέντε λεπτά** [pénde leptá]
zehn Minuten	**δέκα λεπτά** [ðéka leptá]
fünfzehn Minuten	**δεκαπέντε λεπτά** [ðekapénde leptá]
zwanzig Minuten	**είκοσι λεπτά** [íkosi leptá]
einer halben Stunde	**μισή ώρα** [misí óra]
einer Stunde	**μια ώρα** [mia óra]

am Vormittag	**το πρωί** [to proí]
früh am Morgen	**νωρίς το πρωί** [norís to proí]
diesen Morgen	**σήμερα το πρωί** [símera to proí]
morgen früh	**αύριο το πρωί** [ávrio to proí]

am Mittag	**την ώρα του μεσημεριανού** [tin óra tu mesimerianú]
am Nachmittag	**το απόγευμα** [to apójevma]
am Abend	**το βράδυ** [to vráði]
heute Abend	**απόψε** [apópse]

in der Nacht	**την νύχτα** [tin níxta]
gestern	**εχθές** [exθés]
heute	**σήμερα** [símera]
morgen	**αύριο** [ávrio]
übermorgen	**μεθαύριο** [meθávrio]

Welcher Tag ist heute?	**Τι μέρα είναι σήμερα;** [ti méra íne símera?]
Es ist ...	**Είναι ...** [íne ...]
Montag	**Δευτέρα** [ðeftéra]
Dienstag	**Τρίτη** [tríti]
Mittwoch	**Τετάρτη** [tetárti]

Donnerstag	**Πέμπτη** [pémpti]
Freitag	**Παρασκευή** [paraskeví]
Samstag	**Σάββατο** [sávato]
Sonntag	**Κυριακή** [kiriakí]

Begrüßungen und Vorstellungen

Hallo.	**Γεια σας.** [ʝa sas]
Freut mich, Sie kennen zu lernen.	**Χάρηκα που σας γνώρισα.** [xárika pu sas ɣnórisa]
Ganz meinerseits.	**Και εγώ επίσης.** [ke eɣó epísis]
Darf ich vorstellen? Das ist ...	**Θα ήθελα να συναντήσεις ...** [θa íθelʲa na sinandísis ...]
Sehr angenehm.	**Χαίρομαι που σας γνωρίζω.** [xérome pu sas ɣnorízo]

Wie geht es Ihnen?	**Τι κάνετε; Πώς είστε;** [ti kánete? pós íste?]
Ich heiße ...	**Ονομάζομαι ...** [onomázome ...]
Er heißt ...	**Το όνομά του είναι ...** [to ónomá tu íne ...]
Sie heißt ...	**Το όνομά της είναι ...** [to ónomá tes íne ...]
Wie heißen Sie?	**Πώς ονομάζεστε;** [pós onomázeste?]
Wie heißt er?	**Πώς ονομάζεται;** [pós onomázete?]
Wie heißt sie?	**Πώς ονομάζεται;** [pós onomázete?]

Wie ist Ihr Nachname?	**Ποιο είναι το επώνυμό σας;** [pio íne to epónimó sas?]
Sie können mich ... nennen.	**Μπορείτε να με λέτε ...** [boríte na me léte ...]
Woher kommen Sie?	**Από πού είστε;** [apó pú íste?]
Ich komme aus ...	**Είμαι από ...** [íme apó ...]
Was machen Sie beruflich?	**Ποιο είναι το επάγγελμά σας;** [pio íne to epángelʲmá sas?]
Wer ist das?	**Ποιος είναι αυτός ο άνθρωπος;** [pios íne aftós o ánθropos?]
Wer ist er?	**Ποιος είναι αυτός;** [pios íne aftós?]
Wer ist sie?	**Ποια είναι αυτή;** [pia íne aftí?]
Wer sind sie?	**Ποιοι είναι αυτοί;** [pii íne aftí?]

Das ist ...	**Αυτός είναι ...** [aftós íne ...]
mein Freund	**ο φίλος μου** [o fílʲos mu]
meine Freundin	**η φίλη μου** [i fíli mu]
mein Mann	**ο σύζυγός μου** [o síziɣós mu]
meine Frau	**η σύζυγός μου** [i síziɣós mu]
mein Vater	**ο πατέρας μου** [o patéras mu]
meine Mutter	**η μητέρα μου** [i mitéra mu]
mein Bruder	**ο αδελφός μου** [o aðelʲfós mu]
meine Schwester	**η αδελφή μου** [i aðelʲfí mu]
mein Sohn	**ο γιός μου** [o ʝiós mu]
meine Tochter	**η κόρη μου** [i kóri mu]
Das ist unser Sohn.	**Αυτός είναι ο γιός μας.** [aftós íne o ʝiós mas]
Das ist unsere Tochter.	**Αυτή είναι η κόρη μας.** [aftí íne i kóri mas]
Das sind meine Kinder.	**Αυτά είναι τα παιδιά μου.** [aftá íne ta peðiá mu]
Das sind unsere Kinder.	**Αυτά είναι τα παιδιά μας.** [aftá íne ta peðiá mas]

Verabschiedungen

Auf Wiedersehen!	**Αντίο!** [adío!]
Tschüss!	**Γεια σου!** [ʝa su!]
Bis morgen.	**Θα σας δω αύριο.** [θa sas ðo ávrio]
Bis bald.	**Θα σε δω σύντομα.** [θa se ðo síndoma]
Bis um sieben.	**Θα σε δω στις επτά.** [θa se ðo stis eptá]
Viel Spaß!	**Καλή διασκέδαση!** [kalí ðiaskéðasi!]
Wir sprechen später.	**Θα τα πούμε αργότερα.** [θa ta púme arɣótera]
Ich wünsche Ihnen ein schönes Wochenende.	**Καλό σαββατοκύριακο.** [kalʲó savatokíriako]
Gute Nacht.	**Καλή νύχτα σας.** [kalí níxta sas]
Es ist Zeit, dass ich gehe.	**Είναι ώρα να πηγαίνω.** [íne óra na pʝéno]
Ich muss gehen.	**Πρέπει να φύγω.** [prépi na fíɣo]
Ich bin gleich wieder da.	**Θα γυρίσω αμέσως.** [θa ʝiríso amésos]
Es ist schon spät.	**Είναι αργά.** [íne arɣá]
Ich muss früh aufstehen.	**Πρέπει να ξυπνήσω νωρίς.** [prépi na ksipníso norís]
Ich reise morgen ab.	**Φεύγω αύριο.** [févɣo ávrio]
Wir reisen morgen ab.	**Φεύγουμε αύριο.** [févɣume ávrio]
Ich wünsche Ihnen eine gute Reise!	**Καλό σας ταξίδι!** [kalʲó sas taksíði!]
Hat mich gefreut, Sie kennen zu lernen.	**Χάρηκα που σας γνώρισα.** [xárika pu sas ɣnórisa]
Hat mich gefreut mit Ihnen zu sprechen.	**Χάρηκα που μιλήσαμε.** [xárika pu milísame]
Danke für alles.	**Ευχαριστώ για όλα.** [efxaristó ʝa ólʲa]

Ich hatte eine sehr gute Zeit.	**Πέρασα πολύ καλά.** [pérasa polí kalʲá]
Wir hatten eine sehr gute Zeit.	**Περάσαμε πολύ καλά.** [perásame polí kalʲá]
Es war wirklich toll.	**Ήταν πραγματικά υπέροχα.** [ítan praɣmatiká ipéroxa]
Ich werde Sie vermissen.	**Θα μου λείψετε.** [θa mu lípsete]
Wir werden Sie vermissen.	**Θα μας λείψετε.** [θa mas lípsete]

Viel Glück!	**Καλή τύχη!** [kalí tíxi!]
Grüßen Sie ...	**Χαιρετίσματα σε ...** [xeretízmata se ...]

Fremdsprache

Ich verstehe nicht.	Δεν καταλαβαίνω. [ðen katalʲavéno]
Schreiben Sie es bitte auf.	Μπορείτε σας παρακαλώ να το γράψετε; [boríte sas parakalʲó na to ɣrápsete?]
Sprechen Sie ...?	Μιλάτε ...; [milʲáte ...?]

Ich spreche ein bisschen ...	Μιλάω λίγο ... [milʲáo líɣo ...]
Englisch	αγγλικά [angliká]
Türkisch	τουρκικά [turkiká]
Arabisch	αραβικά [araviká]
Französisch	γαλλικά [ɣaliká]

Deutsch	γερμανικά [jermaniká]
Italienisch	ιταλικά [italiká]
Spanisch	ισπανικά [ispaniká]
Portugiesisch	πορτογαλικά [portoɣaliká]
Chinesisch	κινέζικα [kinézika]
Japanisch	ιαπωνικά [japoniká]

Können Sie das bitte wiederholen.	Μπορείτε παρακαλώ να το επαναλάβετε; [boríte parakalʲó na to epanalʲávete?]
Ich verstehe.	Καταλαβαίνω. [katalʲavéno]
Ich verstehe nicht.	Δεν καταλαβαίνω. [ðen katalʲavéno]
Sprechen Sie etwas langsamer.	Παρακαλώ μιλάτε πιο αργά. [parakalʲó milʲáte pio arɣá]

Ist das richtig?

Είναι σωστό αυτό;
[íne sostó aftó?]

Was ist das? (Was bedeutet das?)

Τι είναι αυτό;
[ti íne aftó?]

Entschuldigungen

Entschuldigen Sie bitte.	**Με συγχωρείτε, παρακαλώ.** [me sinxoríte, parakalʲó]
Es tut mir leid.	**Λυπάμαι.** [lipáme]
Es tut mir sehr leid.	**Λυπάμαι πολύ.** [lipáme polí]
Es tut mir leid, das ist meine Schuld.	**Με συγχωρείτε, ήταν λάθος μου.** [me sinxoríte, ítan lʲáθos mu]
Das ist mein Fehler.	**Είναι λάθος μου.** [íne lʲáθos mu]

Darf ich ...?	**Θα μπορούσα να ...;** [θa borúsa na ...?]
Haben Sie etwas dagegen, wenn ich ...?	**Θα σας πείραζε να ...;** [θa sas píraze na ...?]
Es ist okay.	**Είναι εντάξει.** [íne endáksi]
Alles in Ordnung.	**Εντάξει.** [endáksi]
Machen Sie sich keine Sorgen.	**Μην σας απασχολεί.** [min sas apasxolí]

Einigung

Ja.	**Ναι.** [ne]
Ja, natürlich.	**Ναι, φυσικά.** [ne, fisiká]
Ok! (Gut!)	**Εντάξει! Καλά!** [endáksi! kalʲá!]
Sehr gut.	**Πολύ καλά.** [polí kalʲá]
Natürlich!	**Φυσικά!** [fisiká!]
Genau.	**Συμφωνώ.** [simfonó]

Das stimmt.	**Αυτό είναι σωστό.** [aftó íne sostó]
Das ist richtig.	**Σωστά.** [sostá]
Sie haben Recht.	**Έχετε δίκιο.** [éxete ðíkio]
Ich habe nichts dagegen.	**Δεν με πειράζει.** [ðen me pirázi]
Völlig richtig.	**Απολύτως σωστό.** [apolítos sostó]

Das kann sein.	**Είναι πιθανό.** [íne piθanó]
Das ist eine gute Idee.	**Είναι μία καλή ιδέα.** [íne mía kalí iðéa]
Ich kann es nicht ablehnen.	**Δεν μπορώ να αρνηθώ.** [ðen boró na arniθó]
Ich würde mich freuen.	**Βεβαίως.** [vevéos]
Gerne.	**Ευχαρίστως.** [efxarístos]

Ablehnung. Äußerung von Zweifel

Nein.	Όχι. [óxi]
Natürlich nicht.	Βέβαια όχι. [vévea óxi]
Ich stimme nicht zu.	Δεν συμφωνώ. [ðen simfonó]
Das glaube ich nicht.	Δεν νομίζω [ðen nomízo]
Das ist falsch.	Δεν είναι αλήθεια. [ðen íne alíθia]

Sie liegen falsch.	Κάνετε λάθος. [kánete lʲáθos]
Ich glaube, Sie haben Unrecht.	Νομίζω ότι κάνετε λάθος. [nomízo óti kánete lʲáθos]
Ich bin nicht sicher.	Δεν είμαι σίγουρος. [ðen íme síɣuros]
Das ist unmöglich.	Είναι αδύνατο. [íne aðínato]
Nichts dergleichen!	Τίποτα τέτοιο! [típota tétio!]

Im Gegenteil!	Το ακριβώς αντίθετο. [to akrivós andíθeto]
Ich bin dagegen.	Διαφωνώ με αυτό. [ðiafonó me aftó]
Es ist mir egal.	Δεν με νοιάζει. [ðen me niázi]
Keine Ahnung.	Δεν έχω ιδέα. [ðen éxo iðéa]
Ich bezweifle, dass es so ist.	Δεν νομίζω [ðen nomízo]

Es tut mir leid, ich kann nicht.	Με συγχωρείτε, δεν μπορώ. [me sinxoríte, ðen boró]
Es tut mir leid, ich möchte nicht.	Με συγχωρείτε, δεν θέλω να. [me sinxoríte, ðen θélʲo na]

Danke, das brauche ich nicht.	Ευχαριστώ, αλλά δεν το χρειάζομαι αυτό. [efxaristó, alʲá ðen to xriázome aftó]
Es ist schon spät.	Είναι αργά. [íne arɣá]

Ich muss früh aufstehen.	**Πρέπει να σηκωθώ νωρίς.** [prépi na sekoθó norís]
Mir geht es schlecht.	**Δεν αισθάνομαι καλά.** [ðen esθánome kalʲá]

Dankbarkeit ausdrücken

Danke.	**Σας ευχαριστώ.** [sas efxaristó]
Dankeschön.	**Σας ευχαριστώ πολύ.** [sas efxaristó polí]
Ich bin Ihnen sehr verbunden.	**Το εκτιμώ πολύ.** [to ektimó polí]
Ich bin Ihnen sehr dankbar.	**Σας είμαι πραγματικά ευγνώμων.** [sas íme praɣmatiká evɣnómon]
Wir sind Ihnen sehr dankbar.	**Σας είμαστε πραγματικά ευγνώμονες.** [sas ímaste praɣmatiká evɣnómones]
Danke, dass Sie Ihre Zeit geopfert haben.	**Σας ευχαριστώ για τον χρόνο σας.** [sas efxaristó ʝa ton xróno sas]
Danke für alles.	**Ευχαριστώ για όλα.** [efxaristó ʝa óʎa]
Danke für ...	**Σας ευχαριστώ για ...** [sas efxaristó ʝa ...]
Ihre Hilfe	**την βοήθειά σας** [tin voíθiá sas]
die schöne Zeit	**να περάσετε καλά** [na perásete kaʎá]
das wunderbare Essen	**ένα υπέροχο γεύμα** [éna ipéroxo ʝévma]
den angenehmen Abend	**ένα ευχάριστο βράδυ** [éna efxáristo vráði]
den wunderschönen Tag	**μια υπέροχη μέρα** [mia ipéroxi méra]
die interessante Führung	**ένα καταπληκτικό ταξίδι** [éna katapliktikó taksíði]
Keine Ursache.	**Δεν είναι τίποτα** [ðen íne típota]
Nichts zu danken.	**Παρακαλώ, δεν κάνει τίποτα.** [parakaʎó, ðen káni típota]
Immer gerne.	**Οποτεδήποτε.** [opoteðípote]
Es freut mich, geholfen zu haben.	**Είναι ευχαρίστηση μου.** [íne efxarístisi mu]
Vergessen Sie es.	**Ξέχνα το.** [ksécna to]
Machen Sie sich keine Sorgen.	**Μην σας απασχολεί.** [min sas apasxolí]

Glückwünsche. Beste Wünsche

Glückwunsch!	**Συγχαρητήρια!** [sinxaritíria!]
Alles gute zum Geburtstag!	**Χρόνια πολλά!** [xrónia polʲá!]
Frohe Weihnachten!	**Καλά Χριστούγεννα!** [kalʲá xristúʝena!]
Frohes neues Jahr!	**Καλή Χρονιά!** [kalí xroniá!]
Frohe Ostern!	**Καλό Πάσχα!** [kalʲó pásxa!]
Frohes Hanukkah!	**Καλό Χάνουκα!** [kalʲó xánuka!]
Ich möchte einen Toast ausbringen.	**Θα ήθελα να κάνω μία πρόποση** [θa íθelʲa na káno mía próposi]
Auf Ihr Wohl!	**Γεια μας!** [ʝa mas!]
Trinken wir auf ...!	**Ας πιούμε στην υγειά του ...!** [as piúme stin iʝiá tu ...!]
Auf unseren Erfolg!	**Στην επιτυχία μας!** [stin epitixía mas!]
Auf Ihren Erfolg!	**Στην επιτυχία σας!** [stin epitixía sas!]
Viel Glück!	**Καλή τύχη!** [kalí tíxi]
Einen schönen Tag noch!	**Να έχετε μια ευχάριστη μέρα!** [na éxete mia efxáristi méra!]
Haben Sie einen guten Urlaub!	**Καλές διακοπές!** [kalés ðiakopés!]
Haben Sie eine sichere Reise!	**Να έχετε ένα ασφαλές ταξίδι!** [na éxete éna asfalés taksíði!]
Ich hoffe es geht Ihnen bald besser!	**Ελπίζω να αναρρώσετε σύντομα!** [elʲpízo na anarósete síntoma!]

Sozialisieren

Warum sind Sie traurig?	**Γιατί είστε λυπημένος;** [ʝatí íste lipeménos?]
Lächeln Sie!	**Χαμογελάστε!** [xamoʝelʲáste!]
Sind Sie heute Abend frei?	**Έχετε χρόνο απόψε;** [éxete xróno apópse?]
Darf ich Ihnen was zum Trinken anbieten?	**Θα μπορούσα να σας προσφέρω ένα ποτό;** [θa borúsa na sas prosféro éna potó?]
Möchten Sie tanzen?	**Θα θέλατε να χορέψουμε;** [θa θélʲate na xorépsume?]
Gehen wir ins Kino.	**Πάμε σινεμά.** [páme sinemá]
Darf ich Sie ins ... einladen?	**Θα μπορούσα να σας προσκαλέσω σε ...;** [θa borúsa na sas proskaléso se ...?]
Restaurant	**δείπνο** [ðípno]
Kino	**σινεμά** [sinemá]
Theater	**θέατρο** [θéatro]
auf einen Spaziergang	**για μια βόλτα** [ʝa mia vólʲta]
Um wie viel Uhr?	**Τι ώρα;** [ti óra?]
heute Abend	**απόψε** [apópse]
um sechs Uhr	**στις έξι** [stis éksi]
um sieben Uhr	**στις επτά** [stis eptá]
um acht Uhr	**στις οκτώ** [stis októ]
um neun Uhr	**στις εννέα** [stis enéa]

Gefällt es Ihnen hier?	**Σας αρέσει εδώ;** [sas arési eðó?]
Sind Sie hier mit jemandem?	**Είστε εδώ με κάποιον;** [íste eðó me kápion?]
Ich bin mit meinem Freund /meiner Freundin/.	**Είμαι με τον φίλο μου.** [íme me ton fílʲo mu]
Ich bin mit meinen Freunden.	**Είμαι με τους φίλους μου.** [íme me tus fílʲus mu]
Nein, ich bin alleine.	**Όχι, είμαι μόνος /μόνη/.** [óxi, íme mónos /móni/]
Hast du einen Freund?	**Έχεις αγόρι;** [éxis aɣóri?]
Ich habe einen Freund.	**Έχω αγόρι.** [éxo aɣóri]
Hast du eine Freundin?	**Έχεις κορίτσι;** [éxis korítsi?]
Ich habe eine Freundin.	**Έχω κορίτσι.** [éxo korítsi]
Kann ich dich nochmals sehen?	**Θέλεις να ξαναβρεθούμε;** [θélis na ksanavreθúme?]
Kann ich dich anrufen?	**Μπορώ να σου τηλεφωνήσω;** [boró na su tilefoníso?]
Ruf mich an.	**Πάρε με τηλέφωνο.** [páre me tiléfono]
Was ist deine Nummer?	**Ποιος είναι ο αριθμός σου;** [pios íne o ariθmós su?]
Ich vermisse dich.	**Μου λείπεις.** [mu lípis]
Sie haben einen schönen Namen.	**Έχετε ωραίο όνομα.** [éxete oréo ónoma]
Ich liebe dich.	**Σ'αγαπώ.** [saɣapó]
Willst du mich heiraten?	**Θα με παντρευτείς;** [θa me pandreftís?]
Sie machen Scherze!	**Αστειεύεστε!** [astiéveste!]
Ich habe nur gescherzt.	**Απλώς αστειεύομαι.** [aplʲós astiévome]
Ist das Ihr Ernst?	**Μιλάτε σοβαρά;** [milʲáte sovará?]
Das ist mein Ernst.	**Μιλώ σοβαρά.** [milʲó sovará]
Echt?!	**Αλήθεια;** [alíθia?]
Das ist unglaublich!	**Είναι απίστευτο!** [íne apístefto!]

Ich glaube Ihnen nicht.	**Δεν σας πιστεύω.** [ðen sas pistévo]
Ich kann nicht.	**Δεν μπορώ.** [ðen boró]
Ich weiß nicht.	**Δεν ξέρω.** [ðen kséro]
Ich verstehe Sie nicht.	**Δεν σας καταλαβαίνω.** [ðen sas katal'avéno]
Bitte gehen Sie weg.	**Παρακαλώ φύγετε.** [parakal'ó f'ijete]
Lassen Sie mich in Ruhe!	**Αφήστε με ήσυχη!** [afíste me ésixi!]
Ich kann ihn nicht ausstehen.	**Δεν τον αντέχω.** [ðen ton adéxo]
Sie sind widerlich!	**Είστε απαίσιος!** [íste apésios!]
Ich rufe die Polizei an!	**Θα καλέσω την αστυνομία!** [θa kaléso tin astinomía!]

Gemeinsame Eindrücke. Emotionen

Das gefällt mir.	**Μου αρέσει.** [mu arési]
Sehr nett.	**Πολύ ωραίο.** [polí oréo]
Das ist toll!	**Είναι θαυμάσιο!** [íne θavmásio!]
Das ist nicht schlecht.	**Δεν είναι κακό.** [ðen íne kakó]
Das gefällt mir nicht.	**Δεν μου αρέσει.** [ðen mu arési]
Das ist nicht gut.	**Δεν είναι καλό.** [ðen íne kalʲó]
Das ist schlecht.	**Είναι κακό.** [íne kakó]
Das ist sehr schlecht.	**Είναι πολύ κακό.** [íne polí kakó]
Das ist widerlich.	**Είναι αηδιαστικό.** [íne aiðiastikó]
Ich bin glücklich.	**Είμαι χαρούμενος /χαρούμενη/.** [íme xarúmenos /xarúmeni/]
Ich bin zufrieden.	**Είμαι ικανοποιημένος /ικανοποιημένη/.** [íme ikanopiménos /ikanopiméni/]
Ich bin verliebt.	**Είμαι ερωτευμένος /ερωτευμένη/.** [íme erotevménos /erotevméni/]
Ich bin ruhig.	**Είμαι ήρεμος /ήρεμη/.** [íme íremos /íremi/]
Ich bin gelangweilt.	**Βαριέμαι.** [variéme]
Ich bin müde.	**Είμαι κουρασμένος /κουρασμένη/.** [íme kurazménos /kurazméni/]
Ich bin traurig.	**Είμαι στενοχωρημένος /στενοχωρημένη/.** [íme stenoxoriménos /stenoxoriméni/]
Ich habe Angst.	**Φοβάμαι.** [fováme]
Ich bin wütend.	**Είμαι θυμωμένος /θυμωμένη/.** [íme θimoménos /θimoméni/]
Ich mache mir Sorgen.	**Ανησυχώ** [anesixó]

Ich bin nervös.

Είμαι νευρικός /νευρική/.
[íme nevrikós /nevrikí/]

Ich bin eifersüchtig.

Ζηλεύω.
[zilévo]

Ich bin überrascht .

Εκπλήσσομαι.
[ekplísome]

Es ist mir peinlich.

Νιώθω αμήχανα.
[nióθo amíxana]

Probleme. Unfälle

Ich habe ein Problem.	Έχω ένα πρόβλημα. [éxo éna próvlima]
Wir haben Probleme.	Έχουμε ένα πρόβλημα. [éxume éna próvlima]
Ich bin verloren.	Χάθηκα. [xáθika]
Ich habe den letzten Bus (Zug) verpasst.	Έχασα το τελευταίο λεωφορείο (τρένο). [éxasa to teleftéo leoforío (tréno)]
Ich habe kein Geld mehr.	Δεν έχω άλλα χρήματα. [ðen éxo álʲa xrímata]

Ich habe mein ... verloren.	Έχασα το ... μου [éxasa to ... mu]
Jemand hat mein ... gestohlen.	Μου έκλεψαν το ... μου [mu éklepsan to ... mu]
Reisepass	διαβατήριο [ðiavatírio]
Geldbeutel	πορτοφόλι [portofóli]
Papiere	χαρτιά [xartiá]
Fahrkarte	εισιτήριο [isitírio]

Geld	χρήματα [xrímata]
Tasche	τσάντα [tsánda]
Kamera	κάμερα [kámera]
Laptop	λάπτοπ [lʲáptop]
Tabletcomputer	τάμπλετ [táblet]
Handy	κινητό [kinitó]

Hilfe!	Βοηθήστε με! [voiθíste me!]
Was ist passiert?	Τι συνέβη; [ti sinévi?]

Feuer	**φωτιά** [fotiá]
Schießerei	**πυροβολισμός** [pirovolizmós]
Mord	**φόνος** [fónos]
Explosion	**έκρηξη** [ékriksi]
Schlägerei	**καυγάς** [kavɣás]

Rufen Sie die Polizei!	**Καλέστε την αστυνομία!** [kaléste tin astinomía!]
Beeilen Sie sich!	**Παρακαλώ βιαστείτε!** [parakalʲó viastíte!]
Ich suche nach einer Polizeistation.	**Ψάχνω να βρω ένα αστυνομικό τμήμα.** [psáxno na vro éna astinomikó tmíma]
Ich muss einen Anruf tätigen.	**Πρέπει να τηλεφωνήσω.** [prépi na tilefoníso]
Kann ich Ihr Telefon benutzen?	**Θα μπορούσα να χρησιμοποιήσω το τηλέφωνό σας;** [θa borúsa na xresimopiéso to tiléfonó sas?]

Ich wurde ...	**Με ...** [me ...]
ausgeraubt	**έδειραν** [éðiran]
überfallen	**λήστεψαν** [lístepsan]
vergewaltigt	**βίασαν** [víasan]
angegriffen	**επιτέθηκαν** [epitéθikan]

Ist bei Ihnen alles in Ordnung?	**Είστε καλά;** [íste kalʲá?]
Haben Sie gesehen wer es war?	**Είδατε ποιος ήταν;** [íðate pios itan?]
Sind Sie in der Lage die Person wiederzuerkennen?	**Μπορείτε να αναγνωρίσετε αυτό το άτομο;** [boríte na anaɣnorísete aftó to átomo?]
Sind sie sicher?	**Είστε σίγουρος;** [íste síɣuros?]

Beruhigen Sie sich bitte!	**Παρακαλώ ηρεμήστε.** [parakalʲó iremíste]
Ruhig!	**Με την ησυχία σας!** [me tin esixía sas!]

Machen Sie sich keine Sorgen	**Μην ανησυχείτε!** [min anisixíte!]
Alles wird gut.	**Όλα θα πάνε καλά.** [ólʲa θa páne kalʲá]
Alles ist in Ordnung.	**Όλα είναι εντάξει.** [ólʲa íne edáksi]

Kommen Sie bitte her.	**Ελάτε εδώ, παρακαλώ.** [elʲáte eðó, parakalʲó]
Ich habe einige Fragen für Sie.	**Έχω να σας κάνω μερικές ερωτήσεις.** [éxo na sas káno merikés erotísis]
Warten Sie einen Moment bitte.	**Περιμένετε ένα λεπτό, παρακαλώ.** [periménete éna leptó, parakalʲó]
Haben Sie einen Identifikationsnachweis?	**Έχετε την ταυτότητα σας μαζί σας;** [éxete tin taftótita sas mazí sas?]
Danke. Sie können nun gehen.	**Ευχαριστώ. Μπορείτε να φύγετε.** [efxaristó. boríte na fíjete]
Hände hinter dem Kopf!	**Τα χέρια πίσω από το κεφάλι σας!** [ta xéria píso apó to kefáli sas!]
Sie sind verhaftet!	**Συλλαμβάνεστε!** [silʲamváneste!]

Gesundheitsprobleme

Helfen Sie mir bitte.	**Παρακαλώ βοηθήστε με.** [parakalʲó voiθíste me]
Mir ist schlecht.	**Δεν αισθάνομαι καλά.** [ðen esθánome kalʲá]
Meinem Ehemann ist schlecht.	**Ο σύζυγός μου δεν αισθάνεται καλά.** [o síziɣós mu ðen esθánete kalʲá]
Mein Sohn ...	**Ο γιός μου ...** [o ʝiós mu ...]
Mein Vater ...	**Ο πατέρας μου ...** [o patéras mu ...]
Meine Frau fühlt sich nicht gut.	**Η γυναίκα μου δεν αισθάνεται καλά.** [i ʝinéka mu ðen esθánete kalʲá]
Meine Tochter ...	**Η κόρη μου ...** [i kóri mu ...]
Meine Mutter ...	**Η μητέρα μου ...** [i mitéra mu ...]
Ich habe ... schmerzen.	**Μου πονάει ...** [mu ponái ...]
Kopf-	**το κεφάλι** [to kefáli]
Hals-	**ο λαιμός** [o lemós]
Bauch-	**το στομάχι** [to stomáxi]
Zahn-	**το δόντι** [to ðóndi]
Mir ist schwindelig.	**Ζαλίζομαι.** [zalízome]
Er hat Fieber.	**Αυτός έχει πυρετό.** [aftós éxi piretó]
Sie hat Fieber.	**Αυτή έχει πυρετό.** [afté éxi piretó]
Ich kann nicht atmen.	**Δεν μπορώ να αναπνεύσω.** [ðen boró na anapnéfso]
Ich kriege keine Luft.	**Μου κόπηκε η αναπνοή.** [mu kópike i anapnoí]
Ich bin Asthmatiker.	**Έχω άσθμα.** [éxo ásθma]
Ich bin Diabetiker /Diabetikerin/	**Είμαι διαβητικός.** [íme ðiavetikós]

Ich habe Schlaflosigkeit.	**Έχω αϋπνία.** [éxo aipnía]
Lebensmittelvergiftung	**τροφική δηλητηρίαση** [trofikí ðilitiríasi]

Es tut hier weh.	**Πονάω εδώ.** [ponáo eðó]
Hilfe!	**Βοηθήστε με!** [voiθíste me!]
Ich bin hier!	**Εδώ είμαι!** [eðó íme!]
Wir sind hier!	**Εδώ είμαστε!** [eðó ímaste!]
Bringen Sie mich hier raus!	**Πάρτε με από δώ!** [párte me apó ðó!]
Ich brauche einen Arzt.	**Χρειάζομαι ένα γιατρό.** [xriázome éna ʝatró]
Ich kann mich nicht bewegen.	**Δεν μπορώ να κουνηθώ.** [ðen boró na kuniθó]
Ich kann meine Beine nicht bewegen.	**Δεν μπορώ να κουνήσω τα πόδια μου.** [ðen boró na kuníso ta póðia mu]
Ich habe eine Wunde.	**Είμαι τραυματισμένος /τραυματισμένη/.** [íme travmatizménos /travmatizméni/]
Ist es ernst?	**Είναι σοβαρό;** [íne sovaró?]
Meine Dokumente sind in meiner Hosentasche.	**Τα χαρτιά μου είναι μέσα στην τσέπη μου.** [ta xartiá mu íne mésa stin tsépi mu]
Beruhigen Sie sich!	**Ηρεμήστε!** [iremíste!]
Kann ich Ihr Telefon benutzen?	**Θα μπορούσα να χρησιμοποιήσω το τηλέφωνο σας;** [θa borúsa na xresimopiéso to tiléfono sas?]

Rufen Sie einen Krankenwagen!	**Καλέστε ένα ασθενοφόρο!** [kaléste éna asθenofóro!]
Es ist dringend!	**Είναι επείγον!** [íne epíɣon!]
Es ist ein Notfall!	**Είναι επείγον!** [íne epíɣon!]
Schneller bitte!	**Παρακαλώ βιαστείτε!** [parakalʲó viastíte!]
Können Sie bitte einen Arzt rufen?	**Φωνάζετε παρακαλώ έναν γιατρό;** [fonázete parakalʲó énan ʝatró?]
Wo ist das Krankenhaus?	**Πού είναι το νοσοκομείο;** [pú íne to nosokomío?]

Wie fühlen Sie sich?	**Πως αισθάνεστε;** [pos esθáneste?]
Ist bei Ihnen alles in Ordnung?	**Είστε καλά;** [íste kalʲá?]
Was ist passiert?	**Τι έγινε;** [ti éjine?]
Mir geht es schon besser.	**Νοιώθω καλύτερα τώρα.** [nióθo kalítera tóra]
Es ist in Ordnung.	**Είναι εντάξει.** [íne endáksi]
Alles ist in Ordnung.	**Όλα καλά.** [ólʲa kalʲá]

In der Apotheke

Apotheke	**φαρμακείο** [farmakío]
24 Stunden Apotheke	**εφημερεύον φαρμακείο** [efmerévon farmakío]
Wo ist die nächste Apotheke?	**Πού είναι το πιο κοντινό φαρμακείο;** [pú íne to pio kondinó farmakío?]
Ist sie jetzt offen?	**Είναι ανοιχτό αυτήν την ώρα;** [íne anixtó aftín tin óra?]
Um wie viel Uhr öffnet sie?	**Τι ώρα ανοίγει;** [ti óra anʝi?]
Um wie viel Uhr schließt sie?	**Τι ώρα κλείνει;** [ti óra klíni?]
Ist es weit?	**Είναι μακριά από εδώ;** [íne makriá apó eðó?]
Kann ich dort zu Fuß hingehen?	**Μπορώ να πάω εκεί με τα πόδια;** [boró na páo ekí me ta póðia?]
Können Sie es mir auf der Karte zeigen?	**Μπορείτε να μου δείξετε στο χάρτη;** [boríte na mu ðíksete sto xárti?]
Bitte geben sie mir etwas gegen ...	**Παρακαλώ δώστε μου κάτι για ...** [parakalʲó ðóste mu káti ʝa ...]
Kopfschmerzen	**πονοκέφαλο** [ponokéfalʲo]
Husten	**βήχα** [víxa]
eine Erkältung	**το κρυολόγημα** [to kriolʲóʝima]
die Grippe	**γρίπη** [grípi]
Fieber	**πυρετό** [piretó]
Magenschmerzen	**πόνο στο στομάχι** [póno sto stomáxi]
Übelkeit	**ναυτία** [naftía]
Durchfall	**διάρροια** [ðiária]
Verstopfung	**δυσκοιλιότητα** [ðiskiliótita]
Rückenschmerzen	**πόνο στην πλάτη** [póno stin plʲáti]

Brustschmerzen	**πόνο στο στήθος** [póno sto stíθos]
Seitenstechen	**πόνο στα πλευρά** [póno sta plevrá]
Bauchschmerzen	**πόνο στην κοιλιά** [póno sten kiliá]

Pille	**χάπι** [xápi]
Salbe, Creme	**αλοιφή, κρέμα** [alifí, kréma]
Sirup	**σιρόπι** [sirópi]
Spray	**σπρέι** [spréj]
Tropfen	**σταγόνες** [staɣónes]

Sie müssen ins Krankenhaus gehen.	**Πρέπει να πάτε στο νοσοκομείο.** [prépi na páte sto nosokomío]
Krankenversicherung	**ιατροφαρμακευτική κάλυψη** [jatrofarmakeftikí kálipsi]
Rezept	**συνταγή** [sindaɉí]
Insektenschutzmittel	**εντομοαπωθητικό** [endomoapoθitikó]
Pflaster	**τσιρότο** [tsiróto]

Das absolute Minimum

Entschuldigen Sie bitte, ...	**Συγνώμη, ...** [siɣnómi, ...]
Hallo.	**Γεια σας.** [ʝa sas]
Danke.	**Ευχαριστώ.** [efxaristó]
Auf Wiedersehen.	**Αντίο.** [adío]
Ja.	**Ναι.** [ne]
Nein.	**Όχι.** [óxi]
Ich weiß nicht.	**Δεν ξέρω.** [ðen kséro]
Wo?	Wohin?	Wann?	**Πού;	Προς τα πού;	Πότε;** [pú?	pros ta pú?	póte?]

Ich brauche ...	**Χρειάζομαι ...** [xriázome ...]
Ich möchte ...	**Θέλω ...** [θélʲo ...]
Haben Sie ...?	**Έχετε ...;** [éxete ...?]
Gibt es hier ...?	**Μήπως υπάρχει ... εδώ;** [mípos ipárxi ... eðó?]
Kann ich ...?	**Θα μπορούσα να ...;** [θa borúsa na ...?]
Bitte (anfragen)	**..., παρακαλώ** [..., parakalʲó]

Ich suche ...	**Ψάχνω για ...** [psáxno ʝa ...]
die Toilette	**τουαλέτα** [tualéta]
den Geldautomat	**ATM** [eitiém]
die Apotheke	**φαρμακείο** [farmakío]
das Krankenhaus	**νοσοκομείο** [nosokomío]
die Polizeistation	**αστυνομικό τμήμα** [astinomikó tmíma]
die U-Bahn	**μετρό** [metró]

das Taxi	**ταξί** [taksí]
den Bahnhof	**σιδηροδρομικό σταθμό** [siðiroðromikó staθmó]

Ich heiße ...	**Ονομάζομαι ...** [onomázome ...]
Wie heißen Sie?	**Πώς ονομάζεστε;** [pós onomázeste?]
Helfen Sie mir bitte.	**Μπορείτε παρακαλώ να με βοηθήσετε;** [boríte parakalʲó na me voiθísete?]
Ich habe ein Problem.	**Έχω ένα πρόβλημα.** [éxo éna próvlima]
Mir ist schlecht.	**Δεν αισθάνομαι καλά.** [ðen esθánome kalʲá]
Rufen Sie einen Krankenwagen!	**Καλέστε ένα ασθενοφόρο!** [kaléste éna asθenofóro!]
Darf ich telefonieren?	**Θα μπορούσα να κάνω ένα τηλέφωνο;** [θa borúsa na káno éna tiléfono?]

Entschuldigung.	**Συγνώμη.** [siɣnómi]
Keine Ursache.	**Παρακαλώ!** [parakalʲó!]

---

ich	**Εγώ, εμένα** [eɣó, eména]
du	**εσύ** [esí]
er	**αυτός** [aftós]
sie	**αυτή** [aftí]
sie (Pl, Mask.)	**αυτοί** [aftí]
sie (Pl, Fem.)	**αυτές** [aftés]
wir	**εμείς** [emís]
ihr	**εσείς** [esís]
Sie	**εσείς** [esís]

EINGANG	**ΕΙΣΟΔΟΣ** [ísoðos]
AUSGANG	**ΕΞΟΔΟΣ** [éksoðos]

AUßER BETRIEB	**ΕΚΤΟΣ ΛΕΙΤΟΥΡΓΙΑΣ** [éktos liturʝías]
GESCHLOSSEN	**ΚΛΕΙΣΤΟ** [klísto]
OFFEN	**ΑΝΟΙΚΤΟ** [aníkto]
FÜR DAMEN	**ΓΥΝΑΙΚΩΝ** [ʝinekón]
FÜR HERREN	**ΑΝΔΡΩΝ** [ánðron]

MINI-WÖRTERBUCH

Dieser Teil beinhaltet
250 nützliche Wörter, die für
die tägliche Kommunikation
benötigt werden. Sie werden
hier die Namen der Monate
und Wochentage finden.
Das Wörterbuch beinhaltet
auch Themen wie Farben,
Maße, Familie und mehr

T&P Books Publishing

INHALT WÖRTERBUCH

T&P Books Publishing

1. Zeit. Kalender

Zeit (f)	**χρόνος** (αρ.)	[xrónos]
Stunde (f)	**ώρα** (θηλ.)	[óra]
eine halbe Stunde	**μισή ώρα** (θηλ.)	[misí óra]
Minute (f)	**λεπτό** (ουδ.)	[leptó]
Sekunde (f)	**δευτερόλεπτο** (ουδ.)	[ðefterólepto]
heute	**σήμερα**	[símera]
morgen	**αύριο**	[ávrio]
gestern	**χθες, χτες**	[xθes], [xtes]
Montag (m)	**Δευτέρα** (θηλ.)	[ðeftéra]
Dienstag (m)	**Τρίτη** (θηλ.)	[tríti]
Mittwoch (m)	**Τετάρτη** (θηλ.)	[tetárti]
Donnerstag (m)	**Πέμπτη** (θηλ.)	[pémpti]
Freitag (m)	**Παρασκευή** (θηλ.)	[paraskeví]
Samstag (m)	**Σάββατο** (ουδ.)	[sávato]
Sonntag (m)	**Κυριακή** (θηλ.)	[kiriakí]
Tag (m)	**μέρα, ημέρα** (θηλ.)	[méra], [iméra]
Arbeitstag (m)	**εργάσιμη μέρα** (θηλ.)	[erɣásimi méra]
Feiertag (m)	**αργία** (θηλ.)	[arʝía]
Wochenende (n)	**σαββατοκύριακο** (ουδ.)	[savatokíriako]
Woche (f)	**εβδομάδα** (θηλ.)	[evðomáða]
letzte Woche	**την προηγούμενη εβδομάδα**	[tin proiɣúmeni evðomáda]
nächste Woche	**την επόμενη εβδομάδα**	[tin epómeni evðomáda]
morgens	**το πρωί**	[to proí]
nachmittags	**το απόγευμα**	[to apóʝevma]
abends	**το βράδυ**	[to vráði]
heute Abend	**απόψε**	[apópse]
nachts	**τη νύχτα**	[ti níxta]
Mitternacht (f)	**μεσάνυχτα** (ουδ.πλ.)	[mesánixta]
Januar (m)	**Ιανουάριος** (αρ.)	[januários]
Februar (m)	**Φεβρουάριος** (αρ.)	[fevruários]
März (m)	**Μάρτιος** (αρ.)	[mártios]
April (m)	**Απρίλιος** (αρ.)	[aprílios]
Mai (m)	**Μάιος** (αρ.)	[májos]
Juni (m)	**Ιούνιος** (αρ.)	[iúnios]
Juli (m)	**Ιούλιος** (αρ.)	[iúlios]
August (m)	**Αύγουστος** (αρ.)	[ávɣustos]

September (m)	**Σεπτέμβριος** (αρ.)	[septémvrios]
Oktober (m)	**Οκτώβριος** (αρ.)	[októvrios]
November (m)	**Νοέμβριος** (αρ.)	[noémvrios]
Dezember (m)	**Δεκέμβριος** (αρ.)	[ðekémvrios]
im Frühling	**την άνοιξη**	[tin ániksi]
im Sommer	**το καλοκαίρι**	[to kalʲokéri]
im Herbst	**το φθινόπωρο**	[to fθinóporo]
im Winter	**το χειμώνα**	[to ximóna]
Monat (m)	**μήνας** (αρ.)	[mínas]
Saison (f)	**εποχή** (θηλ.)	[epoxí]
Jahr (n)	**χρόνος** (αρ.)	[xrónos]

2. Zahlen. Zahlwörter

null	**μηδέν**	[miðén]
eins	**ένα**	[éna]
zwei	**δύο**	[ðío]
drei	**τρία**	[tría]
vier	**τέσσερα**	[tésera]
fünf	**πέντε**	[pénde]
sechs	**έξι**	[éksi]
sieben	**εφτά**	[eftá]
acht	**οχτώ**	[oxtó]
neun	**εννέα**	[enéa]
zehn	**δέκα**	[ðéka]
elf	**ένδεκα**	[énðeka]
zwölf	**δώδεκα**	[ðóðeka]
dreizehn	**δεκατρία**	[ðekatría]
vierzehn	**δεκατέσσερα**	[ðekatésera]
fünfzehn	**δεκαπέντε**	[ðekapénde]
sechzehn	**δεκαέξι**	[ðekaéksi]
siebzehn	**δεκαεφτά**	[ðekaeftá]
achtzehn	**δεκαοχτώ**	[ðekaoxtó]
neunzehn	**δεκαεννέα**	[ðekaenéa]
zwanzig	**είκοσι**	[íkosi]
dreißig	**τριάντα**	[triánda]
vierzig	**σαράντα**	[saránda]
fünfzig	**πενήντα**	[penínda]
sechzig	**εξήντα**	[eksínda]
siebzig	**εβδομήντα**	[evðomínda]
achtzig	**ογδόντα**	[oɣðónda]
neunzig	**ενενήντα**	[enenínda]
einhundert	**εκατό**	[ekató]

zweihundert	**διακόσια**	[ðiakósia]
dreihundert	**τριακόσια**	[triakósia]
vierhundert	**τετρακόσια**	[tetrakósia]
fünfhundert	**πεντακόσια**	[pendakósia]
sechshundert	**εξακόσια**	[eksakósia]
siebenhundert	**εφτακόσια**	[eftakósia]
achthundert	**οχτακόσια**	[oxtakósia]
neunhundert	**εννιακόσια**	[eniakósia]
eintausend	**χίλια**	[xília]
zehntausend	**δέκα χιλιάδες**	[ðéka xiliáðes]
hunderttausend	**εκατό χιλιάδες**	[ekató xiliáðes]
Million (f)	**εκατομμύριο** (ουδ.)	[ekatomírio]
Milliarde (f)	**δισεκατομμύριο** (ουδ.)	[ðisekatomírio]

3. Menschen. Familie

Mann (m)	**άντρας, άνδρας** (αρ.)	[ándras], [ánðras]
Junge (m)	**νεαρός** (αρ.)	[nearós]
Frau (f)	**γυναίκα** (θηλ.)	[jinéka]
Mädchen (n)	**κοπέλα** (θηλ.)	[kopélʲa]
Greis (m)	**γέρος** (αρ.)	[jéros]
alte Frau (f)	**γριά** (θηλ.)	[ɣriá]
Mutter (f)	**μητέρα** (θηλ.)	[mitéra]
Vater (m)	**πατέρας** (αρ.)	[patéras]
Sohn (m)	**γιός** (αρ.)	[jos]
Tochter (f)	**κόρη** (θηλ.)	[kóri]
Bruder (m)	**αδερφός** (αρ.)	[aðerfós]
Schwester (f)	**αδερφή** (θηλ.)	[aðerfí]
Eltern (pl)	**γονείς** (αρ.πλ.)	[ɣonís]
Kind (n)	**παιδί** (ουδ.)	[peðí]
Kinder (pl)	**παιδιά** (ουδ.πλ.)	[peðiá]
Stiefmutter (f)	**μητριά** (θηλ.)	[mitriá]
Stiefvater (m)	**πατριός** (αρ.)	[patriós]
Großmutter (f)	**γιαγιά** (θηλ.)	[jajá]
Großvater (m)	**παππούς** (αρ.)	[papús]
Enkel (m)	**εγγονός** (αρ.)	[engonós]
Enkelin (f)	**εγγονή** (θηλ.)	[engoní]
Enkelkinder (pl)	**εγγόνια** (ουδ.πλ.)	[engónia]
Onkel (m)	**θείος** (αρ.)	[θíos]
Tante (f)	**θεία** (θηλ.)	[θía]
Neffe (m)	**ανιψιός** (αρ.)	[anipsiós]
Nichte (f)	**ανιψιά** (θηλ.)	[anipsiá]
Frau (f)	**γυναίκα** (θηλ.)	[jinéka]

Mann (m)	**άνδρας** (αρ.)	[ánðras]
verheiratet (Ehemann)	**παντρεμένος**	[pandreménos]
verheiratet (Ehefrau)	**παντρεμένη**	[pandreméni]
Witwe (f)	**χήρα** (θηλ.)	[xíra]
Witwer (m)	**χήρος** (αρ.)	[xíros]
Vorname (m)	**όνομα** (ουδ.)	[ónoma]
Name (m)	**επώνυμο** (ουδ.)	[epónimo]
Verwandte (m)	**συγγενής** (αρ.)	[singenís]
Freund (m)	**φίλος** (αρ.)	[fíl^jos]
Freundschaft (f)	**φιλία** (θηλ.)	[filía]
Partner (m)	**συνέταιρος** (αρ.)	[sinéteros]
Vorgesetzte (m)	**προϊστάμενος** (αρ.)	[projstámenos]
Kollege (m), Kollegin (f)	**συνεργάτης** (αρ.)	[sineryátis]
Nachbarn (pl)	**γείτονες** (αρ.πλ.)	[ʝítones]

4. Menschlicher Körper. Anatomie

Körper (m)	**σώμα** (ουδ.)	[sóma]
Herz (n)	**καρδιά** (θηλ.)	[karðiá]
Blut (n)	**αίμα** (ουδ.)	[éma]
Gehirn (n)	**εγκέφαλος** (αρ.)	[engéfal^jos]
Knochen (m)	**οστό** (ουδ.)	[ostó]
Wirbelsäule (f)	**σπονδυλική στήλη** (θηλ.)	[sponðilikí stíli]
Rippe (f)	**πλευρό** (ουδ.)	[plevró]
Lungen (pl)	**πνεύμονες** (αρ.πλ.)	[pnévmones]
Haut (f)	**δέρμα** (ουδ.)	[ðérma]
Kopf (m)	**κεφάλι** (ουδ.)	[kefáli]
Gesicht (n)	**πρόσωπο** (ουδ.)	[prósopo]
Nase (f)	**μύτη** (θηλ.)	[míti]
Stirn (f)	**μέτωπο** (ουδ.)	[métopo]
Wange (f)	**μάγουλο** (ουδ.)	[máɣul^jo]
Mund (m)	**στόμα** (ουδ.)	[stóma]
Zunge (f)	**γλώσσα** (θηλ.)	[ɣl^jósa]
Zahn (m)	**δόντι** (ουδ.)	[ðóndi]
Lippen (pl)	**χείλη** (ουδ.πλ.)	[xíli]
Kinn (n)	**πηγούνι** (ουδ.)	[piɣúni]
Ohr (n)	**αυτί** (ουδ.)	[aftí]
Hals (m)	**αυχένας , σβέρκος** (αρ.)	[afxénas], [svérkos]
Auge (n)	**μάτι** (ουδ.)	[máti]
Pupille (f)	**κόρη** (θηλ.)	[kóri]
Augenbraue (f)	**φρύδι** (ουδ.)	[fríði]
Wimper (f)	**βλεφαρίδα** (θηλ.)	[vlefaríða]
Haare (pl)	**μαλλιά** (ουδ.πλ.)	[maliá]

Frisur (f)	χτένισμα (ουδ.)	[xténizma]
Schnurrbart (m)	μουστάκι (ουδ.)	[mustáki]
Bart (m)	μούσι (ουδ.)	[músi]
haben (einen Bart ~)	φορώ	[foró]
kahl	φαλακρός	[falʲakrós]

Hand (f)	χέρι (ουδ.)	[xéri]
Arm (m)	χέρι (ουδ.)	[xéri]
Finger (m)	δάχτυλο (ουδ.)	[ðáxtilʲo]
Nagel (m)	νύχι (ουδ.)	[níxi]
Handfläche (f)	παλάμη (θηλ.)	[palʲámi]

Schulter (f)	ώμος (αρ.)	[ómos]
Bein (n)	πόδι (ουδ.)	[póði]
Knie (n)	γόνατο (ουδ.)	[ɣónato]
Ferse (f)	φτέρνα (θηλ.)	[ftérna]
Rücken (m)	πλάτη (θηλ.)	[plʲáti]

5. Kleidung. Persönliche Accessoires

Kleidung (f)	ενδύματα (ουδ.πλ.)	[enðímata]
Mantel (m)	παλτό (ουδ.)	[palʲtó]
Pelzmantel (m)	γούνα (θηλ.)	[ɣúna]
Jacke (z.B. Lederjacke)	μπουφάν (ουδ.)	[bufán]
Regenmantel (m)	αδιάβροχο (ουδ.)	[aðiávroxo]

Hemd (n)	πουκάμισο (ουδ.)	[pukámiso]
Hose (f)	παντελόνι (ουδ.)	[pandelʲóni]
Jackett (n)	σακάκι (ουδ.)	[sakáki]
Anzug (m)	κοστούμι (ουδ.)	[kostúmi]

Damenkleid (n)	φόρεμα (ουδ.)	[fórema]
Rock (m)	φούστα (θηλ.)	[fústa]
T-Shirt (n)	μπλουζάκι (ουδ.)	[blʲuzáki]
Bademantel (m)	μπουρνούζι (ουδ.)	[burnúzi]
Schlafanzug (m)	πιτζάμα (θηλ.)	[pidzáma]
Arbeitskleidung (f)	τα ρούχα της δουλειάς (ουδ.πλ.)	[ta rúxa tis ðuliás]

Unterwäsche (f)	εσώρουχα (ουδ.πλ.)	[esóruxa]
Socken (pl)	κάλτσες (θηλ.πλ.)	[kálʲtses]
Büstenhalter (m)	σουτιέν (ουδ.)	[sutién]
Strumpfhose (f)	καλτσόν (ουδ.)	[kalʲtsón]
Strümpfe (pl)	κάλτσες (θηλ.πλ.)	[kálʲtses]
Badeanzug (m)	μαγιό (ουδ.)	[majió]

Mütze (f)	καπέλο (ουδ.)	[kapélʲo]
Schuhe (pl)	υποδήματα (ουδ.πλ.)	[ipoðímata]
Stiefel (pl)	μπότες (θηλ.πλ.)	[bótes]
Absatz (m)	τακούνι (ουδ.)	[takúni]

Schnürsenkel (m)	**κορδόνι** (ουδ.)	[korðóni]
Schuhcreme (f)	**κρέμα παπουτσιών** (θηλ.)	[kréma paputsión]
Handschuhe (pl)	**γάντια** (ουδ.πλ.)	[ɣándia]
Schal (Kaschmir-)	**κασκόλ** (ουδ.)	[kaskólʲ]
Brille (f)	**γυαλιά** (ουδ.πλ.)	[jaliá]
Regenschirm (m)	**ομπρέλα** (θηλ.)	[ombrélʲa]
Krawatte (f)	**γραβάτα** (θηλ.)	[ɣraváta]
Taschentuch (n)	**μαντήλι** (ουδ.)	[mandíli]
Kamm (m)	**χτένα** (θηλ.)	[xténa]
Haarbürste (f)	**βούρτσα** (θηλ.)	[vúrtsa]
Schnalle (f)	**πόρπη** (θηλ.)	[pórpi]
Gürtel (m)	**ζώνη** (θηλ.)	[zóni]
Handtasche (f)	**τσάντα** (θηλ.)	[tsánda]

6. Haus. Wohnung

Wohnung (f)	**διαμέρισμα** (ουδ.)	[ðiamérizma]
Zimmer (n)	**δωμάτιο** (ουδ.)	[ðomátio]
Schlafzimmer (n)	**υπνοδωμάτιο** (ουδ.)	[ipnoðomátio]
Esszimmer (n)	**τραπεζαρία** (θηλ.)	[trapezaría]
Wohnzimmer (n)	**σαλόνι** (ουδ.)	[salʲóni]
Arbeitszimmer (n)	**γραφείο** (ουδ.)	[ɣrafío]
Vorzimmer (n)	**χωλ** (ουδ.)	[xolʲ]
Badezimmer (n)	**μπάνιο** (ουδ.)	[bánio]
Toilette (f)	**τουαλέτα** (θηλ.)	[tualéta]
Staubsauger (m)	**ηλεκτρική σκούπα** (θηλ.)	[ilektrikí skúpa]
Schrubber (m)	**σφουγγαρίστρα** (θηλ.)	[sfungarístra]
Lappen (m)	**πατσαβούρα** (θηλ.)	[patsavúra]
Besen (m)	**μικρή σκούπα** (θηλ.)	[mikrí skúpa]
Kehrichtschaufel (f)	**φαράσι** (ουδ.)	[farási]
Möbel (n)	**έπιπλα** (ουδ.πλ.)	[épiplʲa]
Tisch (m)	**τραπέζι** (ουδ.)	[trapézi]
Stuhl (m)	**καρέκλα** (θηλ.)	[karéklʲa]
Sessel (m)	**πολυθρόνα** (θηλ.)	[poliθróna]
Spiegel (m)	**καθρέφτης** (αρ.)	[kaθréftis]
Teppich (m)	**χαλί** (ουδ.)	[xalí]
Kamin (m)	**τζάκι** (ουδ.)	[dzáki]
Vorhänge (pl)	**κουρτίνες** (θηλ.πλ.)	[kurtínes]
Tischlampe (f)	**επιτραπέζιο φωτιστικό** (ουδ.)	[epitrapézio fotistikó]
Kronleuchter (m)	**πολυέλαιος** (αρ.)	[poliéleos]
Küche (f)	**κουζίνα** (θηλ.)	[kuzína]
Gasherd (m)	**κουζίνα με γκάζι** (θηλ.)	[kuzína me gázi]

Elektroherd (m)	**ηλεκτρική κουζίνα** (θηλ.)	[ilektrikí kuzína]
Mikrowellenherd (m)	**φούρνος μικροκυμάτων** (αρ.)	[fúrnos mikrokimáton]
Kühlschrank (m)	**ψυγείο** (ουδ.)	[psiʝío]
Tiefkühltruhe (f)	**καταψύκτης** (αρ.)	[katapsíktis]
Geschirrspülmaschine (f)	**πλυντήριο πιάτων** (ουδ.)	[plindírio piáton]
Wasserhahn (m)	**βρύση** (ουδ.)	[vrísi]
Fleischwolf (m)	**κρεατομηχανή** (θηλ.)	[kreatomixaní]
Saftpresse (f)	**αποχυμωτής** (αρ.)	[apoximotís]
Toaster (m)	**φρυγανιέρα** (θηλ.)	[friɣaniéra]
Mixer (m)	**μίξερ** (ουδ.)	[míkser]
Kaffeemaschine (f)	**καφετιέρα** (θηλ.)	[kafetiéra]
Wasserkessel (m)	**βραστήρας** (αρ.)	[vrastíras]
Teekanne (f)	**τσαγιέρα** (θηλ.)	[tsaʝéra]
Fernseher (m)	**τηλεόραση** (θηλ.)	[tileórasi]
Videorekorder (m)	**συσκευή βίντεο** (θηλ.)	[siskeví vídeo]
Bügeleisen (n)	**σίδερο** (ουδ.)	[síðero]
Telefon (n)	**τηλέφωνο** (ουδ.)	[tiléfono]

www.ingramcontent.com/pod-product-compliance
Lightning Source LLC
Chambersburg PA
CBHW070842050426
42452CB00011B/2376
9781784924706